目次

ミシェル・フーコー［増

ミシェル・フーコー

［増補改訂］

序文　ある思考の肖像

I　故郷の町から——歴史とデカルトの影

故郷の空間

ミシェル・フーコーは一九二六年一〇月、フランス中西部の都市、ポワチエに住むカトリック系の裕福な医師の家に生まれた。ポワチエはパリから南西へ三百数十キロ離れた歴史ある街で、当時は四万人ほどの人口があったという。(1)街の中心部の、入り組んだ細い街路を歩いて行くと、(2)中世に創建され、聖母マリアの名を戴く大聖堂が現れ、また行くと、古びた遺跡のような可愛い洗礼堂に辿りつく。大聖堂の外壁にはキリストによる「救済」(salut) の物語が彫像によって表現されている。その物語ではいつしか人々のあいだに平和と正義が実現し、悪の表徴である幻想的な獣の彫像は中空へ逃げ出そうとしている。

町の中心をやや外れると、古代末期にこの地域の司教だった聖人の名を冠した教会があり、かつて彼を埋葬した墓地のうえに建てられたという。(3)のちにロマネスク様式の建築物となったそれも、大きな石の棺に見えないでもない。夕陽を浴びて輝く硝子窓の内部には、穹窿《きゅうりゅう》する思いのほか広い空間がある。だがそれはただの空洞ではない。祭壇があり、説教を聴く席があり、木製の「告解室」(confessionnal) がいくつか置かれている。告解室は暗がりの中で生者たちが司祭に対して私生活を告白する小さな独房だが、その表側には使用される日時などを記した予定表が無造作にぶら下がっている。

点在する聖なる空洞は、その外壁に、あるいはその内部に、あらゆる運命を巻き込む裁きのあることを、既視感のある事実として告知している。この既視感をもたらす聖なる力は石畳の町の歴史と風景に深く溶け込んでいるのだろう。

ダニエル・ドゥフェールが編纂した「年譜」によれば、[4] ミシェル・フーコーの父、ポール＝アンドレ・フーコーはフォンテーヌブローの生まれだが、外科医としてポワチエの市立病院で医師長を務め、医学校で解剖学を教えたという。哲学者デカルトの家系には医師と法官の交差配列《キアスム》が見られるが、フーコーは父も、祖父も、曾《そう》祖父も医師という家系である。フーコーには一年三ヵ月年長の姉と、医学の道に進むことになる五歳年下の弟がいた。母のアンヌ＝マリーはポワチエの医学校の教授を務めた外科医の娘で、ポワチエの生まれである。父方の家族がやや敬虔なカトリックとすれば、母方の家族はより裕福で子供の教育に熱心であり、寛容な啓蒙主義の気風をもつという。D・メイシーによると、フーコーの家族はカトリシズムという点では名ばかりの信仰に留まるという。[5]

母のアンヌはポワチエから二〇キロほど離れた田園地帯のヴァンドゥーヴル＝デュ＝ポワトゥーの村に一九世紀に建てられた大きな屋敷を受け継ぐ。それはル・ピロワール（Le Piroir）と呼ばれ、[6] フーコーも幼い頃からこの屋敷に馴染み、パリで生活していた頃も、たとえば夏休みにはこの地に帰っていった。

D・エリボンはこの屋敷が土地の人から「ル・シャトー」（le château）と呼ばれていたというが、土地の修辞なのだろうか。この種の修辞が富裕さの象徴としてフーコーの他の行動にまで結びつけられると、彼の実用主義や合理性の部分が見えにくくなるだろう。現在、この田園の村にはミシェル・フーコー通りと名付けられた細い道があり、ル・ピロワールから
その道を歩いて行くと、ほどなくシャトー・デ・ロッシュ（Château des Roches）に辿りつく。宏大な庭や樹林や石落としの付いた塔をもつ、この一六世紀の「城館」こそ文字通りのシャトーだろう。(7) ル・ピロワールも立派な屋敷だが、レ・ロッシュはその域を超えている。

フーコーは一九八一年の葉書に「私の生まれた町はこうである。首を斬られた聖人たちが手に書物をもって、正義は正しかるべし、城は強かるべしと気を配っている〔……〕。これが私の英知の伝来の特性なのである」と書いている。(8) 古代や中世に遡る宗教的な色彩の濃い、歴史ある町と、そしてその近くの田園の村がフーコーの故郷である。その一つは父のもとで育ち、学んだ町であり、受苦と英知が伝えられる場所である。そしてもう一つは母方の、静かな休息と執筆の場所となる、ある意味で避難所のような場所である。

理性の人と狂女

ポワチエはフーコーがパリに出るまでの時期を過ごした町である。この由緒ある古い町は内へ閉じていると同時に、外に開かれた空間でもある。この町は宗教的な伝説や寓話の類を深く塗りこめられているが、同時に、見知らぬ人々が滞在し通過していく場所でもあった。ポワチエは歴史的な戦争と関係したり、聖堂や聖人の行跡への巡礼が訪れたりする町だった

からである。政治や文化の面でみても、この町は地方の行政庁や裁判所が置かれた場所であり、中世にまで遡るポワチエ大学のある町でもあった。

一七世紀の初め、ルネ・デカルト（一五九六～一六五〇）はイエズス会のラ・フレーシュ学院で哲学、神学、数学、歴史、詩歌などを学んだのち、一六一五～一六年にポワチエの町に下宿して勉強をし、法学士の試験に合格した[9]。デカルトはその後しばらくして長い旅の生活に入り、やがて自分の身体や感覚も、夢と覚醒の区別も、悪しき霊《マラン・ジェニ》の仕業も含め、自分を欺く可能性のある、あらゆるものを疑うという、異様な試みの主体となる。『省察』の概要《シノプシス》では、幾何学者たちの手法を踏まえ、また明晰判明な真理へ到達するためだというが[10]、この狂気じみた「懐疑」の連鎖をくぐり抜けていく精神こそデカルトを西欧における哲学的知性の象徴とするのである。

フーコーはいつか親友との会話で、デカルトの死に際しオランダの雑誌が伝えた「先月、自分の好きなときに死ぬであろうと言っていた狂人が死んだ」という記事に触れたことがある[11]。デカルトの顔立ちに漂う危険と孤独の影が窺われる記事でもある。

他方、二〇世紀初めのこの町では、密告により、自宅の密室状態の部屋に二十数年ものあいだ、家族に監禁されている女がいたことが発覚する。警察が踏み込んだとき、彼女は異様に痩せ細り、汚物塗《まみ》れの状態だったという。一八世紀末に英国王ジョージ三世が狂気《マニー》のために監禁され、汚物塗れになった事件を思い出させるが[12]、この女への仕打ちは規律権力による王の監禁－治療ではなく、古典主義時代の閉じ込めを思わせるところがある。「ポワチエの監禁された女」はアンドレ・ジッドも取り上げたように、新聞報道や裁判を通じて人々の注目を集めた。[13] この女の母親はポワチエ大学文学部長を務めた人物の未亡人だった。

ジェームズ・ミラーはエルヴェ・ギベールの小説『ある男の秘密』から、フーコーが少年の頃、この女を監禁した建物のあった場所の近くを通り過ぎるとき抱いたとされる「身震いするような好奇心」(a frisson of curiosity) に言及しながら、それを彼の研究の心理的原点の一つのように示唆している。[14]

しかし、ミラーには小説に書かれたことをなかば事実に置き換えて読むようなところがあり、この点についてはエリボンによる批判もある。[15] また、遠い過去の物語を原初の秘蹟のように特権化するのも問題がある。監禁された狂女の幻像や、関連する新聞・小説の挿話だけでなく、フーコーが「私の場合は、育った環境のせいもあって、必ずしもそのせいではないかもしれませんが〔……〕精神病院がどんなものであるかを知りました」と言い、実際に「監禁されている人々の声を自分の耳で聞きました。その声に大きなショックを受けたわけです」と語る、彼の生身の経験を考慮するべきだろう。[16]

デカルトはこの古い町に下宿して学び、学位を取得し、この町を去った。[17] そして知的であることに関してはどこか狂気じみて見える人物である。のちにフーコーは、デカルトの『省察』における思考の実践《プラティク》のうちに、古典主義時代における狂人の「監禁」の始まりに呼応する歴史的な兆候――思考のシステムが示す兆候的な出来事――を読み取るだろう。他方、この町の内部で密かに行われた「監禁」事件で狂人のように隔離された女は、ひどい噂の対象となり、のちにフーコーが問題化した「汚辱に塗れた人々」(les hommes infâmes) あるいは「異常者たち」(les anormaux) の系譜に近い人物の一人と見なしうるだろう。

デカルトは世界を放浪し遍歴する人だったが、彼女は自宅の一室に閉じこもる。そこで重要なのは、彼女が「狂人の排除」を被《こうむ》った側の人物だったことである。母と兄が拘束されるが、彼女を監禁した（積もりはないと訴えた）母は病死し、兄は最終審で無罪となった。精神科医は彼女をその言動から「狂人」(aliénée) と鑑定しており[18]、「狂人」の隔離又は監禁それ自体は罪に問えなかった。一八九八年の新しい法律では、一五歳未満の未成年者に対し、健康を害するまで食物を供給し又は保護する義務を果たさなかった者は有罪となったが、この法律の保護対象は子供であり、狂人はこの法律による保護の外に閉め出されていたことになる[19]。

おそらくフーコーの研究に特有の情念のはたらきは、デカルトという、自由な決意によって旅を重ねた〈理性〉の人と、汚物塗れの一室に監禁され続けた〈狂気〉の女との、「距離」と「隣接性」を同時に理解可能にするような歴史を分析しようとしたことにある。この理性と狂気の錯語法 (chiasme) 的な顔立ちをした歴史の横顔は、彼の生まれた町のいまは物言わぬ風景と重なって見えなくもない。

デカルトの影とフーコーの問題化の軸線

フーコーにとって、デカルトの問題は、狂気の排除／狂人の監禁という主題との関係だけに限定されるものではなかった。フーコーは彼の晩年に至るまで、デカルトの思考のあり方をある種の「固定観念」のように問題化し続けるからである。[20] フーコーの問題意識からすると、デカルトの思考のあり方は、『狂気の歴史』（一九六一）との関係だけでなく、次の二つの理由からも重要な位置を占めることになる。

すなわち、（1）デカルトにおける〈思考の主体〉の自律は、神の誠実さに見守られているとはいえ、古典主義時代における自己準拠的な「表象の空間」の成立と相関する現象と捉えられ、この問題は『言葉と物』（一九六六）で考察されることになる。（2）デカルトが真理獲得の過程で決定的に重視する明証性の規範とそれに従う言説のあり方は、ソクラテスの時代以降の哲学の系譜のなかで相対化するべき重要な〈契機〉と捉えられ、この問題は『主体の解釈学』（一九八一〜八二）以降の講義でくり返し考察されるだろう。

ここでデカルトの影を意識しながら、フーコーの哲学的な思考の軸線がどのように伸びていったのかをみると、それはフッサールの現象学やデカルトへの違和感、そしてマルクス主義や心理学からの離脱を経て、『狂気の歴史』に辿りつく。そして『言葉と物』では、フーコーの師の一人であるジョルジュ・カンギレムが考えてきたテーマでもあった「コギトの消尽」(l'épuisement de cogito) ——「われ思う《コギト》の解体」——の歴史的で構造的な過程の説明に向かうことになる。[21]

『言葉と物』によれば、一九世紀以降の近代の思考において、認識を可能にする条件は、デカルト的な〈コギト〉のはたらきではなく、新たに登場する「人間」のうちに求められる。

そこではあらゆる認識の可能性の条件、つまり認識の超越論的な条件が、人間という経験的な認識の対象自身のうちに求められる。すなわち物を生産し、生命をもち、言語を話すという人間の実存――この経験的な審級が、同時に超越論的な審級として機能させられるのであり、人間はそこで「経験的‐超越論的二重体」として構成されたことになる[22]。またこの混同（重ね合わせ）の結果として、人間は自分の具体的な経験のうちに、自分の超越論的な本質を求め続けることになる。その本質において、人間とは何かと問い続けるのである。

『言葉と物』の基本的な課題は、人間諸科学が属す言説の領野で生じた、この歴史的な変化のメカニズムとその射程を説明することにあった。この変化の核心はデカルト的な思考の主体が退場し、カントがその輪郭を与えていた人間の登場にある。フーコーは「カントの『人間学』への序文」（一九六一）での「人間学的錯覚」(illusion anthropologique) の発見から[23]、『レーモン・ルーセル』（一九六三）での「狂気」と隣接する文学の言語の研究や、『臨床医学の誕生』（一九六三）における「死」を介して成立した個人の科学としての医学の研究を経て、一九六六年の『言葉と物』に到達している。

『知の考古学』（一九六九）は『言葉と物』で到達した言説の領野の分析に対する反省とその発展の可能性を探るものであり、そこでは『狂気の歴史』で分析した社会的実践の領野がこの言説の領野に関係づけられる。そしてこの二つの領野を統合的に理解する過程で権力分析の問題系が浮上する。権力分析は『監獄の誕生』（一九七五）や『知への意志』（一九七六）に結実する。これらの著作では人間を隷属的な意味で主体化する「規律訓練」の仕組み、あるいは性現象《セクシュアリテ》の装置を介した「規律社会」のあり方が明らかにされる。

しかし、権力分析は〈権力のゲーム〉をミクロな身体性の水準で分析し、社会の構造的な特性を理解するのには有効だとしても、国家のように、権力と理性が接合するマクロな機構のはたらき方を分析するのには概念の再調整が必要となる。そこで統治性という概念が導入されるが、この統治の分析では〈権力のゲーム〉と〈真理のゲーム〉が接続される。[24]この権力／真理の問題系は、ソポクレスの〈オイディプス王〉という権力と知の交叉する場所に立つ主体のあり方の分析や、[25]〈オイディプス王〉の物語以降の裁判形態にかかわる、権力の行使と真理の探究をめぐるゲームの分析をその背景にもっている。[26]一九八〇年代に入ると、この問題系は分析の焦点を個人の統治、個人の生の様式へと移していく。

一九八〇年代の講義で、フーコーが古代ギリシア以降の哲学の課題を「真理を語る」パレーシアの実践と捉えるとき、デカルトの『省察』がまた重要な影を落とすようになる。フーコーが古代以降の哲学的言説の歴史を問題化する文脈にも、その歴史のなかでデカルトの思考がどんな位置を占めていたのか、どんな曲がり角をなしたのかという問いが差し込まれている。デカルト的な理性の孤独と狂人たちの汚辱が「歴史の罠」とも思える回転扉を通じて繋がっているとすれば、哲学者の「真理を語る」言説は、たえず政治的かつ倫理的な厚みにおいて、またその歴史的な系譜において相対化されるべきだからである。

とはいえ、晩年のフーコーが一連の並走する講義で触れているように、彼が展望する哲学的な言説の系譜は、たんに明証性や確実性、あるいは倫理や霊性だけでなく、勇気と困惑と冒険の興味深い広がり、そして情熱と笑いと過酷さもはらんでいる。この哲学の劇場の第二幕は――第一幕はテクスト中心の文献学的な場面からなるとすれば、第二幕では劇場自体が場面の一部となり、場面全体は近代的な人間の特権には無関心な、だが驚異と魅惑にみちた言説の領野に変貌する――さながらポワチエの少年が知らずに見た夢のように膨らんでいる。

II　痕跡のない空間――戦争の時代の少年

戦争の時代に育つ

フーコー少年はポワチエの町で外科医を職業とする家の長男に生まれたが、その家や町だけでなく、彼の育った時代が大きな影響を及ぼすことになる。一九三四年七月、オーストリアのドルフス首相がナチスに殺されるという事件が起こるが、フーコーは少年時代を振り返り、そのとき「初めて死への強い恐怖を感じたと思う」と述べている[27]。そして三六年にスペインから最初の難民がポワチエの町にやって来たことや、ムッソリーニの軍隊によるエチオピア占領をめぐって級友と喧嘩をした挿話なども、幼いフーコーが大規模で底の見えない戦争の時代に育ちはじめたことを伝えている。

フーコーが一三歳になる直前、ヒトラーとスターリンが密約を交わしたあと、一九三九年九月にドイツの軍隊が、次いでソ連の軍隊がポーランドへ侵攻し、ヨーロッパで第二次大戦がはじまる。一九四〇年六月にはドイツ軍がパリへ侵入し、フランス政府はヒトラーによる休戦協定を受け入れる。ポワチエの町にもパリから生徒が疎開してきたり、ヴァンドゥーヴルにある母方の屋敷も一部がドイツ軍に接収されたりする。

だが、一九四四年六月に連合軍はノルマンディー上陸作戦を敢行する。ポワチエの町でも英国空軍の爆撃機が空襲を行っている。フランスの解放がはじまるが、前線での戦闘や、抵抗運動、収容所などに絡む死者や負傷者の噂がこの町にも暗い影を落としていた。

フーコーは子供のころを振り返り、次のように述べている。

わたしの世代の少年少女たちはこれらの大きな歴史的出来事によって構造化された幼年時代を生きたのです。戦争の脅威がわたしたちの舞台背景であり、生活の枠組みでした。それから戦争がやって来ました。家庭生活の場面を優に超えるような、世界にかかわるこれらの出来事こそがわたしたちの記憶の実質なのです。わたしは「わたしたちの」記憶と言いますが、当時のフランスの若い男女の大部分が同じ経験を生きたことはほぼ確実だからです。世界はわたしたちの私生活に真の脅威を重くのしかからせたのです。わたしが歴史に魅惑され、また私的な経験とわたしたちがそこに組み込まれる出来事とのあいだの関係に魅惑されるのは、おそらくそのためなのでしょう[28]。

フーコーは幼い頃から青春期まで、大規模で残忍な戦争という「歴史的出来事」との関係を生きたことに「私の個人的体験の核心がある」という。この世界戦争の影響と帰趨は、その只中では、誰にも予測しがたいものを含んでいたのである。

わたしは将来自分が何をするのかを考えたことは決してありませんでした。この点もまたわたしの世代の人間に十分特徴的なことだと思います。わたしたちは、一〇歳か一一歳のころ、ドイツ人になるのか、それともフランス人のままでいるのか分からなかったのです。空襲に遭って死んでいくのか生き残るのかも分かりませんでした。一六歳か一七歳のころ、私は一つのこと、つまり、学校での生活は政治から保護され、外界の脅威から保護された環境であるということしか分かりませんでした。[29]

包括的で常態的な戦争の情景は、そしてレジスタンスの詩人のいう「悪」の貪欲な顔立ちは、[30]この少年の鋭敏な感受性にも影響を与えたようにみえる。そこで浮上するのは、自分たちの家族も土地もフランスではなくドイツに編入されていたかもしれず、また生死を含めて、現実が明日どうなっているか分からない不気味な現在を生きている……という感覚である。第二次大戦が終わる年に、彼は一九歳になるが、自分の戸籍や、身分や、思考のありようが明日には「別様の何ものか」となり、過去の痕跡さえ消えていても不思議ではない、そんな感覚を身体化していたともいえる。

この時代感覚からみると、ジェームズ・ミラーが強調する、監禁された狂女の伝説や外科医の父が見せたという足の切断手術がもたらす感情の起伏は、町の子供たちの冒険譚や外科医の家の通過儀礼的な挿話の次元を超えないだろう。この意味では、狂女の伝説よりも、フーコー自身がいうように、実際に病院で狂人たちの「叫び声」に接した経験のほうが重い何かを残したように思える。父の神話についても、この抜け目ない少年は「父の目」をうまく躱《かわ》しながら、父が経営していた薬局から麻薬を盗んで吸っていたのだし、[31]そもそも父の像は、むしろ父よりも裕福にみえる背景をもち、活動的で、この少年の世話に熱心な母の力と配慮によって相対化されていたと見るほうが順当だろう。

子供の実存を家族の神話や町の伝説のなかに埋め込み、それらの挿話を人間の根源的な心理ドラマにして見せるのは概して平和な時代の幻想のスクリーンである。実際、そのような幻想の投射を許さない、総力戦とレジスタンスが交錯する日常が存在したのである。人間の顔立ちや身分や土地の同一性を無造作に書き替え、悲劇と死体を糧とする「悪」の時代が存在したのであり、敏感な少年はそんな時代を生きていたことになる。

世界戦争が十代の彼に与えたもう一つの影響は、外界を覆う脅威から自分を保護してくれるものを求める感覚を鋭敏にしたことだろう。フーコーは少年時代から学究的環境ないし知的環境に守られて生きるという考えに魅惑されるようになったという。彼にとって「知」は外部の世界を理解することを可能にし、個人の生存を守るのに役立つべきものと考えられるようになる。[32]第二次世界大戦は理性をも狂気をもはるかに凌ぐ現象だが、この「悪」の化身から身を守る手段である「知」への格別な期待、またそのために徹底して「知」の獲得に向かう力線や情念がいつしか彼の思考に沁み込んだのかもしれない。

父の名を消すこと

D・メイシーによると、フーコーは公文書や学校では「ポール」――それはフーコー家の長男の名前とされていた――という名前を用いたが、家族や周りからは、母が連結符で合成した「ポール＝ミシェル」(Paul-Michel) だったという[33]。しかし、彼は父（や祖父）の名にある「ポール」を省略するようになる。また母がフーコー家の跡継ぎの名であるポールにミシェルという名を付加した「ポール＝ミシェル」も使わなくなる。フーコーは父の名にあるポールという名を消し、母がつくったポール＝ミシェルの名も使わず、単純にミシェルという名を用いるようになる。結果として、彼は「フーコー氏」のまま、母が付加した部分だけを残し、父の名を消したのである。

ここで思い出すのは、ジャック・デリダ（一九三〇〜二〇〇四）の名前である。一九三〇年に、デリダはフランスの植民地だったアルジェリアに住むユダヤ人の父のもとに生まれた。彼は「ジャッキー」(Jackie) という名――チャップリンの映画『キッド』の人気子役の名から取ったというが――を与えられる[34]。彼はかつてジャッキー・エリー・デリダであり、リス＝オランジスの墓地にある彼の墓石にも「ジャッキー・デリダ」と記されている。

だが一九六二年に刊行した著作（フッサールの『幾何学の起源』の仏訳とそれに付した序文）には、ジャック (Jacques)・デリダの署名がある。彼は父が登録したジャッキーという名を、フランスの文化や哲学の正統性が支配する空間にふさわしいジャックという名に書き替え、ジャック・デリダになったのである[35]。

この書き替えの所作には、フランスのナショナルな文化への同調と寄生を試みると同時に、自分の思考のユダヤ的条件を見失うことのない人物による、ある種の修辞学的な知略が垣間見える。デリダはジャックを「半‐偽名」(demi-pseudonyme) というが[36]、それはジャッキーの仮装であり、同時にジャッキーの不在を隠している。ジャッキーという名が消され、その不在の場所(痕跡)にジャックという名が追補されるからである。だが、この書き替えはたんなる同調や従順さの結果ではなく、一つの遊び《ゲーム》のようにも見える。それは痕跡を埋めるフランス的でキリスト教的な形象に棲みつきながら、その形象の確かさや自明性を、さらには起源/痕跡の問題系それ自体を、やがて内側から解体しようとする哲学のゲームの前触れに見えるからである。

他方、フーコーの場合、父の名にあるポールのあっけない消失がある。また、母が考えたというポール＝ミシェルという名も失効している。フーコー自身が選んだのはミシェルだけである。ポールの部分は書き替えられることなく、単純に省略されていて、そこに生じた不在の場所(痕跡)は空欄のままである。この場合、父の名の綴りは浜辺の砂に描かれた線のように消えていくままである。浜辺に寄せる海の波のくり返しは、砂地に浮かぶ痕跡の群れをあっけない無のなかに呑み込んでいく。

そこで微かに幻視されるのは「痕跡のない空間」だが、この幻視が彼の分析手法に組み入れられるのは、人間が自分の実存の痕跡として残した言葉を皮肉にも「言説」として発見しなおすときである。痕跡という観念はそれを残した主体の、あるいはそれを残した構造の記憶にみちている。だが皮肉にも、人間が残した言説はそのような痕跡ではない次元に、独自の諸規則と変換に従う実践のシステムとして立ち現れ、やがて消えていく。言説の領野はその意味で痕跡のない空間として存在している。

浜辺の空間を見ながら

たしかに、いつまでも痕跡、記憶、無意識、過去と戯れているのは、エドガー・ポーの作品やフロイトの分析のように探偵小説じみているし、旧約聖書の神に似た怨恨や復讐の論理感覚を織り込んでいる可能性もなしとしない。実際、人が言説の次元を通して生きているのは、いつか事象が散逸し、言説自体があっけなく書き替えられる空間である。言説はその最も深い規定では（人間と呼ばれる主体の）痕跡ではない。この言説の空間について考えようとするとき、復讐の論理や代補的循環の論理の有効性を満足させるような時間と痕跡の観念から離れるべきだろう。この未知の空間は、主体の執拗な意志と時間の流れに従属する一つの状態ではなく、人間的な時間のなかの事象も、またその時間の流れを整序する主体の統覚という仮説も、呑み込んで消していく場《トポス》だからである。

それは海と陸地の境に広がる、浜辺に似た、両義的で不思議な空間である。それは時間が刻む快楽や苦悩の痕跡を浮かび上がらせると同時に、そんな時間をたえず無化していく場所でもある。もし遊ぶとすれば、痕跡がやがてその前後に流れる時間を失い、帰無されていく、この浜辺での遊び《ゲーム》のほうが興味深いのではないか。事実、この浜辺の空間でこそ、痕跡は時間と主体の修辞学から解放され、それ自身の厚みと具体的なかたちにおいて――つまり言説として――思考されるのではないのか……。

一九六五年一月、ジェルバ島を飛び立った飛行機からチュニジアの海辺を見下ろしながら、フーコーは『言葉と物』の最後の段落にある、「人間の消滅」について語る言葉を思いついたという。(37) そのとき痕跡が刻まれては消えていく浜辺の空間――人間の生と死の時間とは別の時間を通り抜けていく領域――が彼の視界を掠《かす》めたと思われる。『知の考古学』(一九六九)は人間が生きるために係わらざるを得ない言説の次元を考察しているが、その結論部には次のような反論の「声」を想定した文章がある。

何をおっしゃるのか! かくも多くの言葉が積み重ねられてきたというのに、かくも多くのしるしがかくも多くの紙の上で無数の視線に提供されてきたというのに、……結局、それらを書き記した哀れな手、それらのうちで自らを落ち着かせようとした不安、以後もはやそれらによって生き延びるしかない満了した生にかかわるもののうち、後に残るものなど何一つないというのか。言説は、その最も深い規定において、「痕跡」ではないのか。そしてそのつぶやきは、実体なき不死の場所ではないのか。言説の時間が、歴史の次元へともたらされた意識の時間でもなく、意識の形式のうちに現前する歴史の時間でもないということを、認めなければならないというのか。私は、自分の言説のなかで自分が生き延びることなどないと考えなければならないのか[38]。……

この反論の「声」を受けて、知の考古学者である「私」はいう。「このように語る人々が抱いている不快感を、私はよく理解できる」と[39]。だがこの「声」は、言説が〈自分たちの意識にそのすべてが与えられていない諸規則に従う実践〉であることだけに脅威を感じているのではない。この「声」はこれらの諸規則と諸変換に従う実践のシステムが〈いつか変形され、別のシステムが立ち現れる〉ことにも不安を感じている。そこで「私」は念を押すようにいう[40]。言説は「生」(la vie) ではない。言説の時間はあなた方の時間ではない。言説によって、あなた方の「死」を祓い除けることなどできない、と。「痕跡のない空間」とは痕跡と代補の論理を可能にする時間の流れが解除される空間であり、痕跡が浮かんでは消えていく空間である。言説の時間には人間学的な主体が生きるような生も、死もない。言説の空間はこの主体が死を超えてなおその生を留めるような痕跡の場ではないのである。

III　フーコーの修業時代――多難な年を越えて

フーコー、パリへ行く

一九三六年から、フーコーは地元のアンリ四世高等中学《リセ》校の第六級の学年で学びはじめる。だがドイツ軍のフランス侵攻の影響により、彼の通う学校も、首都から疎開してきた高等中学校の生徒を受け入れるようになる。重苦しい時局の影響やパリからの生徒たちの侵入によって学校の環境が変わり、彼の成績にも問題が生じてくる。そこで一九四〇年一〇月の学年から、母の計らいにより、彼は修道士たちの営む聖スタニスラス学院《コレージュ》に転校する。彼はこの私立学校で歴史への興味を膨らませるようになる。

一九四二年、中等教育の最終学年で一六歳の頃、フーコー少年は哲学を学ぶようになる。授業を担当したのは哲学を学んでいた若い教師で、彼がくり返し語ったのは——フーコーの思考の核心部に重要な影響をもつことになる——カントの哲学だった。この教師はフーコー少年の気質と才能を次のように評している。

彼はとても気難しかったのです。もっと才能があると思われた弟子をのちに数人もちましたが、しかし彼と同じほど速やかに本質的なものを把握し、あのような厳密さで自分の思想を組み立てることができた者はいませんでした。(41)

しかしながら、一九四三年六月の大学入学資格・第二部試験で、この少年の歴史の成績は良かったが、哲学のほうはあまりよくなかった。資格試験には合格したが、問題はその後の進路である。彼はパリにある高等師範学校《エコール・ノルマル》への入学を考えるのだが、それは彼が歴史や文学に関心があって、父や母方の父の仕事、そして母も若い頃には成りたかったという医師の仕事を、継ごうとはしなかったことを意味する。

フーコーはポワチエの高等中学校《リセ》にある高等師範学校の受験準備学級で勉強をするが、一九四五年の高等師範学校の入学試験に失敗する。そこで同年一〇月にパリのアンリ四世高等中学校の受験準備学級に転入するが、それは高等師範学校の受験には評判の学校だった。このパリへの旅立ちも、そこで寄宿舎での共同生活を避け、市内に下宿したことも、母の支援に支えられていた。また一二月には姉のフランシーヌが結婚してパリで暮らしはじめ、彼女と二人でアメリカ映画を見に出掛けたこともあるという[42]。

パリのアンリ四世高等中学校でフーコーはジャン・イポリットの授業を受けている。そして一九四六年の高等師範学校の入試では筆記試験を通過したあと、ジョルジュ・カンギレムを審査員の一人とする口述試験に合格する。科学史や哲学を専門にするカンギレムも、ヘーゲルの研究で知られるイポリットも、のちにフーコーがソルボンヌに提出した博士学位論文の審査員——カンギレムは主論文（「狂気と非理性：古典主義時代における狂気の歴史」）の報告者、イポリットは副論文（カントの『実用的見地における人間学』の翻訳とそれに付した序文）の報告者——となる。フーコーはそれと知らぬ間に、彼の研究者人生を支える知の土壌へ入って行ったことになる。

フーコーは一九四六年に高等師範学校に、つまり、ごく少数の知的エリートを養成する「特権的な集団」に優秀な成績で入学する。しかし、高等師範学校での生活は、彼の勉学や研究の進展とは別に、周囲の学生との疎遠で険悪な関係や、同性愛の行動に関係する苦悩、そして自殺未遂など、フーコーにとっては時として「耐えがたい」(intolérable)ものを含んでいたという(43)。とはいえ、それは何人かの良き師と出会い、また何人かの学生たちと友情を育む大切な時代のはじまりともなった。

多難な年を経て

高等師範学校入学の二年後、一九四八年に、フーコーはソルボンヌで「哲学」の学士号を取得し、一九四九年に「心理学」の学士号を取得している。他方、四八年に共産党に入党していたルイ・アルチュセール――四九年に高等師範学校の助教《カイマン》に任命され、五〇年に秘書官《スクレテール》となる(44)――の影響も考えられるが、フーコーは五〇年に共産党に入党する。ただ、当時は高等師範学校生がしばしば共産党に入党した時代であり、それ自体は特殊なことではなかった。しかし、周囲には彼の同性愛の傾向と猛烈な勉強家という二つの顔立ちは個性的に見えたのだろう。彼の行動にも異様なものがあるし、四八年には血管を切って自殺を試みたことがあり(45)、状況は異なるが五〇年にも自殺未遂を起こしている。

ヤン・ムーリエ＝ブータンの聴き取りによると、ミシェル・セールは一九五二年から五五年にかけて高等師範学校の学生だったが、自分の周囲で「一八ヵ月に一件」もの自殺事件が続いたことに驚いたという(46)。高等師範学校生のわずかな人数を考えると、自殺にかんするこの数字は高すぎるといえよう。ムーリエ＝ブータンはこの結果を共産党の暗い側面と結びつけているが、共産党への接近だけでなく、高等師範学校生の人生を決定づけるような教授資格試験の厳しさと不安、受験準備と係わりのある薬物の使用なども含めて、このエリート集団の生活過程の特異性を考慮に入れる必要があるだろう。

モーリス・パンゲによると、[47]高等師範学校でフーコーはかなりの秀才と見られていたが、同性愛者としても知られるようになり、これに由来する悩みもあった。そこに共産党への入党が重なり、一九五〇年はフーコーにとって多難な年となった。彼はこの年の六月一七日に自殺未遂事件を起こし、六月二四日にはソルボンヌの助手のポストが自分の政治活動のせいで突然閉ざされた……と考える。[48]しかも、同年七月、彼は教授資格試験に失敗し、一〇月には父親とサンタンヌ病院への入院にかんして相談している。

だが当時、学生たちを指導していたアルチュセールは、精神病院に入らないようにフーコーを説得し、教授資格試験の再受験の年となる一年間、彼が医務室の個室を使えるように（静かな勉学の時間を邪魔されないように）取り計らった。[49]四八年の自殺未遂のあとにもフーコーに対して類似の措置を取っていたのだが、[50]そのときフーコーの父は彼をサンタンヌ病院のドゥレー教授の研究室へ連れて行った。ここで目を引くのは、父の像の薄さと、自分も精神疾患を患っていたアルチュセールの懇切で一貫した面倒見の良さである。

一九五一年になると、フーコーは共産党から離れることを考え、同年五月からは「もう共産党員ではない」と語っている。それは悪い流れを変える道とつながっている。彼は六月にティエール財団の研究員に応募し、これに採用される。八月には哲学の教授資格試験にも合格する。一〇月にはアルチュセールの要請で、ティエール財団研究員のまま、高等師範学校で心理学担当の「復習教師」(répétiteur) の仕事もこなすようになる。この頃、フーコーはデカルト、フッサール、ハイデガーらの「哲学」の研究に取り組むと同時に、「心理学」の研究者としての側面を強くしていった。

一九五二年六月に、フーコーはパリ心理学研究所で精神病理学の学位免状《ディプロマ》を取得し、一〇月にリール大学文学部の心理学の助手となる。彼はこの時期に共産党を離党している。共産党は集団的な連帯の次元に存在しているが、これとは裏腹に、彼は性愛の次元で重要な出会いを経験している。一九五二年に彼は作曲家のジャン・バラケ(一九二八～七三)と出会い、やがて交際を深めていく。フーコーからすると「虱のように醜く気が狂ったように機知に富み、悪事の知識にかけては百科全書に匹敵する」青年との出会いである(51)。波乱含みの出会いだが、同時に若い二人は貴重な何かを分かち合ったのだろう。だがのちに、バラケの近親の一人は「あの男が自分自身を破滅させてしまってからこんどは君を破滅させるのをそのままにしておかないでくれ」とバラケに忠告している(52)。

二つの著作を書く

一九五二年一〇月に、フーコーはパリの北方へ二〇〇キロ以上もあり、ベルギー国境に近いリール大学で助手の職を得たが、高等師範学校で復習教師の役割も務めていて、住居はパリに置いていた。この時期の彼は心理学の教師であるとともに、心理学の学問的な構造を相対化するような哲学の講義もしていた。また彼は、パリのサンタンヌ病院で、スタッフと患者の中間という曖昧な立場でだが、[53] 精神疾患の患者や精神医学の実態に接し、ロボトミーを施術された患者を見たりしている。

このころ、フーコーの視界の一方には、精神疾患の患者とされた人たちと彼らの訴える「叫び声」があり、この声と対照的に、患者をたんに薬物と食物を吸収する消化管に等しい水準に置く、そしてそれ自身が巨大な消化器官のように見える精神病院の不気味に「穏やかな空気」があったのだろう。のちにフーコーは映画『ポールの物語』を観て「施療院の穏やかさ」(une douceur asilaire) に言及し、[54] この穏やかさは神経弛緩薬の投与以上のものであり、消化器官に似た病院のシステミックな属性の一つだと見なしている。

若いフーコーはサンタンヌ病院での仕事に違和感を抱きながら、哲学の研究と同時に、心理学、精神分析、精神医学に対する批判的な研究を深めていった。そして一九五四年にビンスワンガーの『夢と実存』――この本ではジャクリーヌ・ヴェルドーがビンスワンガーの論文「夢と実存」を翻訳し、フーコーはその論文への長大な「序文」を書く――を、また単著で『精神疾患とパーソナリティ』を刊行している。

『精神疾患とパーソナリティ』は心理学や精神医学の思考の歴史を批判するものだが、精神疾患と〈実存〉の関係がその問題化の焦点になっている。『夢と実存』の序文ではビンスワンガーによる現存在分析の視点に依拠しながら、夢と〈実存〉の関係が主題化されている。これらの著作の底流にあるのは、精神疾患あるいは夢を、人間の〈実存〉とその条件から切り離して扱うのではなく、それらの現象を生きる〈実存〉という観点から理解しようとする問題意識である。

ただし『精神疾患とパーソナリティ』では、精神疾患という歴史的に限定された現象を扱うため、精神疾患の主体となる〈実存〉が「歴史」にひらかれた次元で考察されるのに対し、『夢と実存』の序文では、夢をむしろ超歴史的な事象として——人間にとって普遍的な経験として——扱うため、夢の主体となる〈実存〉を「人間学」の次元で考察するという違いが見られる。この結果、前者には〈マルクス主義〉の影が、後者には〈実存哲学〉の影が差し込んでいる。またこの二つの仕事を通じて、フーコーは、精神医学の潮流と同時に、フロイト的な精神分析に対して批判的な距離を取ろうとしている。

Ⅳ　過渡期の経験——歴史の領野へ向かう

『夢と実存』の序文から——実存分析への期待

『夢と実存』の序文で、フーコーは、ビンスワンガーの「現存在分析」（実存分析）に依拠することにより、精神病院での経験や精神分析の理論的な限界がもたらす「閉塞感」を乗り越えようとしている。後年のインタビューで、彼はビンスワンガーの仕事を念頭にしながら、次のように当時を振り返っている。

「実存分析」とか「現象学的精神医学」と呼ばれたものを読むことは、精神病院で仕事をし、精神医学のまなざしがもつ伝統的な解読格子とは違う何物か、つまり一つの平衡錘《カウンターウエイト》を求めていた頃のわたしには重要なことでした。ユニークで比類のない根本的経験としての狂気にかんするあの見事な記述は、まちがいなく、重要だったのです。(55)

フーコーによると、現象学的な実存分析に感銘を受けたのは彼だけでなく、ロナルド・D・レインもそうである。のちに反精神医学の潮流をリードしたレインの場合はよりサルトル的な仕方で、他方、精神医学に対して批判的な歴史分析を行った自分の場合はよりハイデガー的な仕方で、実存分析から影響を受けたという。フーコーからすると、当時の実存分析は、アカデミックな精神医学の知とまなざしがもつ「息苦しさ」をはっきりさせるのに役立ったのである。

『夢と実存』の序文には若いフーコーのさまざまな思いが込められている。ハイデガーの実存主義の影響、歴史的・社会的な状況を生きる実存の自由と不安への問い、想像力の人間学への関心、夢や詩の表現的価値、そしてイマージュ（image）に関説するテクストよりも、イマージュそのものへの関心、サルトルの想像力論への反発、死に対する奇妙な親近感、さらには古代以降の夢の言説の歴史的な展望など、注目すべき点は少なくない。だがここでは、フロイト的な夢の分析との関係を見ておきたい。フーコーがビンスワンガーの現存在分析に接近したのも、フロイト的な分析的心理学を相対化することが重要な契機となっているからである。

ビンスワンガーの現存在分析では、人間の実存の様態を理解するための準拠点として、夢という現象が考察されている。しかしながら、世界に実存する人間の具体的な現実を理解するのに、世界に組み込まれる度合いが最も希薄な夢の経験を参照するのは、いかにも無謀な企てだという反論もある。(56) まして夢のなかでは、実存の想像的《イマジネール》な意味作用が圧縮されたり、その明証性がぼやけたり、その現前の諸形式が希薄になったりすると考えると、反論や疑問はさらに強まるだろう。

しかし、フーコーによると、「夢の状態」(l'onirique) には次の二つの理由から特権的な価値があるという。(57) 第一に、ビンスワンガーの分析が示すように、夢の経験は人間の実存の根本的な諸形式を備えているからである。夢は人間の「想像力」(imagination) の自由で不安な動きに沿ってくり広げられるが、この自由と不安こそ世界に現前する実存の核心をなしている。それゆえ世界に目を閉じて想像力が十分に解放される夢の状態こそ、むしろ実存を理解するのにふさわしい媒体ということになる。つまり、夢の世界で具体的な場面をくり広げる想像力の様態に沿って、夢（となった実存）の諸構造を分析する必要があるというわけである。

夢の経験が特権的な価値をもつ第二の理由は、夢の様態が「想像力」という実存の根本形式に沿って展開される以上、それは「想像力の人間学」を可能にする媒体になりうるからである。フーコーは、夢を世界に実存する「人間」に特有の経験、つまり自由な想像力の動きとそれが残していくイマージュの経験と捉える。この場合、イマージュは想像力の流れからみると、そのスナップ写真の一つにすぎない。だが、イマージュは想像力の放棄の結果ではなく、むしろ想像力の成就でもある。フーコーとしては、このようなイマージュを手掛かりにして想像力の様態に迫ること、つまり実存的な自由の根本形式である想像力の人間学を考えたいというわけである。

フロイト的分析への違和感――両義的な見方

『夢と実存』の序文からみると、フロイト的な分析は、夢から覚めた後に残るイマージュの記憶を一種の「準-知覚」として扱い、さらにそれを、夢を見ていた主体の言語活動と捉えかえし、その意味を固定しようとしている。だが、それは想像力の流れやイマージュの経験から遠ざかることになる。それゆえ人間の実存的な自由の形式である想像力を軸に夢を考察するのなら、夢の意味作用を了解する仕方を、フロイト的な分析とは異なる方向で再構成する必要があることになる。

フーコーによれば、フロイト的分析では、人間は夢のなかに現れる暗号文字の象徴的解読によって発見される存在にしかならない。症例ドラの第二の夢の分析に見られるように、人間は世界に「実存する人間」ではなく、象徴的な心理学的ドラマのなかに「役柄をもつ匿名の人間」へと客体化されてしまう。この場合、夢の実存的な意味作用の世界は、夢みる者の生活史と関連する象徴的な物語の水準であれこれと解釈されるだろう。しかし、夢の経験を支える根源的な主体性は、象徴的な物語のなかの役柄を演技する主体、つまり「準-主体」

(quasi-sujet) のうちにはない[58]。夢みる主体が世界に実存している歴史的で具体的な状況との関連で、夢の意味作用を捉えなおす必要がある。

夢のこの捉えなおしは、人間にかんする自然的事実や、神話的な一般性の水準にある象徴的事実ではなく、むしろ「人間的事実」(le fait humain) を探究する「想像力の人間学」につながっていくという。人間の存在とは、存在論が「世界への現前」という現存在の超越論的な構造として分析しているものの、現実的で具体的な内容に他ならないとすれば[59]、この現実的で具体的な内容、つまり人間の存在にかんする事実——実存の自由に根ざす想像力やイマージュの様態——を扱う人間学が成立しうると考えられるからである。

このように若いフーコーの問題意識の底流には、(1) 歴史的で社会的な具体的状況を生きると同時に、世界のなかで自由と不安にひらかれた超越論的な構造を生きる〈実存〉への強い関心と理論的な期待があったといえる。また、(2) このような〈実存〉の次元を捨象するようにみえるフロイト的な精神分析への違和感があったといえる。この二つは背中あわせのように密接につながっている。

もちろん、フーコーはフロイトによるシュレーバー症例の分析の意義を高く評価するのだが、同時にその構造的なリミットも見ている。フロイトの、意味を求める心理学は、言語活動の心理学に翻訳されるものであり、夢の経験を象徴的な構造をもつ物語言説に還元する。つまり、イマージュの流れは、イマージュに関説するテクストの次元に還元される。そこでフーコーは、フロイトの意味論的な分析を、①想像力の流れやイマージュの経験に対する距離を縮めようと努力するが、②決して接続点を見いだせないという、両義的な構図のもとで眺めている。[60] この視線のあり方はフーコーのフロイトに対する基本的な構えを示すものとなるだろう。

フーコーからみると、想像力の世界が狂気にひらかれ、精神病の様相を呈するときも、フロイトは患者との対話、そして患者の言語活動を通じて患者の実存に接近するが、それは不可能な接近であり続ける。実際、限界なき接近というかたちで、接近の限界を確認し続けるのは、『言葉と物』が示した近代的な「有限性」(finitude)の構図そのものである。この構図の内部にいるかぎり、精神分析は、狂気への「不可能な接近」のうちに自分の姿を認知し続けると同時に、この接近に対して「たえず後退していく」他者性のうちに狂気の経験を――営みの不在として――放置し続けるしかない。[61] それが端的に示されるのは精神病医が「精神分裂症」(統合失調症：schizophrénie)と呼んだ狂気を前にしたときであり、そこで精神分析は狂気のなかに親密さと同時に最も抗いがたい困難を見いだすというのである。[62]『夢と実存』の序文でのフロイト的分析の評価は、この意味で『言葉と物』のそれの前奏をなすようにみえる。

『精神疾患とパーソナリティ』から――実存的な人間学と乖離する線分

『精神疾患とパーソナリティ』でのフーコーによると、[63] 古典的な精神医学の潮流は、精神疾患という「疎外＝錯乱」(aliénation)の症状を「生理学的・解剖学的な身体の病理」と見なす。この場合、患者のパーソナリティは異邦人のように変性していると考えられ、治療はこの変成したパーソナリティの外部で行われる。たとえば、患者の身体を拘束し、灌水・薬物・電気などを用いた身体へのショック療法によって気分の調整状態を修正すること、あるいはロボトミーの手術によって過剰な情緒的負荷から身体の適応を解放することなどが――その実際的な効果は別として――試みられてきたのである。ここでは、治療は病の内的メカニズムには入り込まない。

他方、心理学的な潮流は病の内的メカニズムに入り込むように見える。精神分析は、患者の症状を彼らの意識の奥底（無意識の次元）で演じられる心理学的ドラマの兆候と見なすからである。それは現実の葛藤をこの心理学的な物語の内部に還元し、そこにそれらの症状の「真理」を発見する。患者のパーソナリティとその現実的な状況はそこで「欲動」の狡智と「過去」の事実（心理的外傷）を軸にした物語へと非現実化されるだろう。

精神疾患という疎外された主体の現実に対して、①精神医学の実践はそれをパーソナリティの〈外部〉にある身体器官や組織の「異常」（損傷）から説明し、②心理学的な実践はそれをパーソナリティの奥深い〈内部〉に潜在する「真理」（神話）から説明する。だがフーコーによれば、このような外部への還元／内部への抽象のいずれによっても、患者の実存は置き去りにされ、病はその出現の条件から切り離されてしまう。(64)

そこで要請されるのは、（1）病の第一の条件を「人間の環境」における葛藤のうちに見いだし、（2）病の固有性を、病理学的な異常でも、神話的な真理でもなく、この葛藤の具体的状況に対する防衛的な反応として捉えることである。[65]『夢と実存』の序文からすると、「人間の環境」は患者が人間として世界に実存するという構造と相関して成立している。また「葛藤」は病という防衛的な反応の形式を引き起こす現実的な条件であり、これも人間が生きる自由かつ不安な実存の構造を通して作用するという。

しかしながら、フーコーは『精神疾患とパーソナリティ』の結論部分で、ビンスワンガーの「現存在分析」にそのまま期待する立場を採っているわけではない。「人間の環境」は特定の歴史的・社会的条件のなかにあり、患者の「葛藤」はそれらの諸条件のなかで「現実の葛藤」になっていると考えるからである。「現存在分析」が焦点化する患者の実存の状況(症状)も、病の出現にかかわる、この歴史的‐社会的な現実と相関させねばならないのである。そこで注目すべきは『精神疾患とパーソナリティ』第五章の末尾のほうに書かれた次の主張である。

要するに、ある程度の詭弁なしには、病の心理学的な次元を自律的なものと考えることはできないだろう。たしかに精神疾患を、人間の発達との関係において、個人史と心理学的な歴史との関係において、実存の形態との関係において位置づけることはできる。しかし病のこれらの多様な側面と、その現実の原因を混同してはならない。これを混同してしまうと、心理学的な構造の発達とか、欲動の理論とか、実存的な人間学などの神話的な説明に頼らざるをえなくなるのである。実際には、心理学的な構造の可能性の条

件をみいだすことができるのは、歴史においてだけである。(66)

ここでフーコーは、①発達の心理学や、②精神分析だけでなく、③実存的な人間学からも距離を取り、それらが見過ごしている「歴史」の次元を視野に入れている。『精神疾患とパーソナリティ』にはたしかに史的唯物論の影響が見られるが、彼はマルクス主義が実際には見失っていた「歴史」の次元に接近しようとしていたのである。『精神疾患とパーソナリティ』は一九六二年に第五章・第六章・結論部を書き替えられ、表題も変更されるが、そこにはすでに〈歴史〉への視線が胎動しており、『夢と実存』の序文におけるややロマンティックな趣のある〈実存〉への視線とは異なる構えが垣間見える。この構えのもと、『精神疾患とパーソナリティ』の結論の章でフーコーは「心理学」の可能性について次のように述べている。

> 真の心理学は、病の真理をわかりにくくし、患者の現実を疎外する抽象から、自らを解放しなければならない。人間が問題となる場合には、抽象は単なる知的な誤謬ではないのである。人間についてのすべての科学と同様に、心理学が人間の疎外＝錯乱を克服することを目的とするものであるならば、真の心理学は、その心理学主義から自らを解放しなければならない。(67)

すなわち、①精神医学のように患者の実存を外的な身体組織の次元へ、あるいは、②精神分析のように患者の実存を内的な無意識の次元へと抽象するとき、これらの試みは人間の実存の固有性を剝奪し、実存をその抽象的な〈外部〉もしくは〈内部〉に封じ込める点で、監禁の社会的な実践と共犯関係に立つ。だから、これらの抽象はたんに知的な誤謬ではすまないだろう。だが、精神疾患へのこの抽象的な関係こそ、精神医学や狂気の心理学を可能にしているのである。また、③実存の人間学が実存の具体的な条件である現実の葛藤を分析し、狂気とこの現実との関係を歴史的に解明することも、期待できない。この場合、実存とは、その条件である集団の歴史から抽象された小さい世界の中心に実存することであり、先駆的に先取りされる死によってこの世界が不安のうちに均衡し、内閉化しているとすれば、この世界内への抽象もまた監禁の一形態と言っていいからである。

これらの抽象を行う心理学的な知には一つの目的＝終わりが設定されている。それは「人間の疎外＝錯乱を克服すること」であるが、これらの残酷な知は、実はこの終わりが決して終わらないというかたちで存続する、果てしない有限性の構図のなかに安住し続けているのではないか。フーコーのいう「真の心理学」は、こうした心理学主義の良心の証しである、深いまどろみから抜け出すことのうちにしか、つまり根本的に心理学的ではない知に変成することによってしか、その可能性は開かれない。一九五四年に著作と序文が刊行されたとき、フーコーにもある種の達成感があっただろうが、同時に、心理学主義の良心の深刻さに対する、それこそ深刻な不安が生じたと思われる。

過渡期の経験――歴史の領野へ抜けていく

『精神疾患とパーソナリティ』では、精神疾患の心理学的な次元を自立的な事象と見なさず、精神疾患とそれを扱う心理学の歴史的‐社会的な顔立ちを照らし出し、問題化する点にフーコーらしい特色がある[68]。だがこの著作にはマルクス主義や史的唯物論に近い問題意識も見受けられる。この問題意識は、フィリップ・ピネル以降の精神医学に見られるブルジョワ的な人間主義の罠に対する批判、そしてソ連の精神医学が公認していたパブロフの反射理論への接近――この部分は一九六二年の改訂版で削除されるが――として現れている。『夢と実存』の序文では人間的な存在の固有性をその自由と不安が開示する実存論的な構造に求め、この実存の構造、そしてその核心にある想像力のはたらきを介して、夢を理解しようとする点に特色がある。この序文ではフッサールの現象学やハイデガーの実存哲学の思考との結びつきが認められるが、その代償または裏返しのように、サルトルの想像力論に対する批判、あるいはフロイト的な精神分析への違和感が露わになっている。

この二つの仕事の背景には、実存主義的思考の広がりとマルクス主義的な制度の力がせめぎ合い、両者の乖離が問題化しはじめる時代の流れがある。そこでサルトルのように、①実存主義の自立は困難であるが、同時に、②実存主義はマルクス主義のなかに解消されないという立場から[69]、二つの視点の弁証法的な総合の可能性を求める人もいるだろう。あるいはマルクスの『経済学・哲学草稿』や『ミル評注』のような著作のなかにある人間的な顔立ちを政治的解放の現在のなかに蘇らせ、マルクス主義の可能性を、超越論的な理念としての国家や党の独裁的な組織のなかに埋め込まないように努力しようと考える人もいただろう。

しかし、フーコーが向かったのはこうした総合や調和の試みではなく、むしろ二つの立場の特権性をともに手放すことだった。サルトルは、二〇世紀の人間にとってマルクス主義を知の「乗り越え不可能な枠組み」(le cadre indépassable) と見なすと同時に、[70]人間の実存は還元不可能なものであり、それは人間の主体的真実であると考えていた。だがフーコーが向かうのは、(1) マルクス主義が実際には見失っていた「歴史」の次元で何が起こっていたのかを明らかにし、(2) 実存主義がその実存の概念のうちに抽象化している個々人の「経験」の次元で何が行われていたのかを明らかにすることだった。この意味でマルクス主義の影の差す『精神疾患とパーソナリティ』も、実存主義に影響された『夢と実存』の序文も、『狂気の歴史』へと向かうなかで通過した過渡期の産物だったといえる。

だが、この過渡期の進行はそう単純ではなかった。フーコーは一九五三年一月にサミュエル・ベケットの『ゴドーを待ちながら』の舞台を見て、ベケットに関心をもつ。この関心が向かうのは、ベケットの作品に現れる、自分が話す「言葉」の底知れぬ空虚さに立ち会う人物や、あるいはハイデガー的な「存在の住処」としての言語への信仰が揺らぐ経験である。[71]さらにフーコーは、「話すのは誰なのか」を問う系譜学的分析を行い、「神の死」を告げたニーチェの思考に出会う。それは「知の歴史への、理性の歴史への問い」というパースペクティブにおいてだったという。[72]フーコーはこうした関心の膨らみのなかで、彼の心理学批判が依拠していた実存論的－人間学的な思考に対する違和感を側行的《ラテラル》に溜めはじめるのだろう。

他方、一九五二年にフランス共産党から正式に離脱したことと並行して、フーコーは「歴史」の領野をマルクス主義の予定調和的な弁証法とは異なるかたちで考えはじめる。彼が唯物弁証法やそれと相補的な人間学の圏域から離れていくのは、歴史の実相を果てしない力と抗争の場として捉え返すニーチェの思考や科学史や社会史の著作を介してだろう。ニーチェとの出会いは一九五二～五三年頃であり、『狂気の歴史』に取り掛かるのは一九五五年以降とすると、一九五四年の著作と序文は「若気の至り」(folie de jeunesse)に見えるのかもしれない(73)。だが、その批判的な問いかけと模索の文体は、彼の思索に溜まりはじめる違和感やまだ方向感を定められない模索の影を映している。

実際、フーコーは、史的唯物論に対して親和的な『精神疾患とパーソナリティ』の原稿の裏面を使って、系譜学的な歴史の次元を開示した人物であるニーチェにかんする断片を綴っている(74)。彼の過渡期にはこうした表と裏の捻じれがつきまとっている。

この種の過渡的な両義性は彼の私生活にも現れる。一九五四年のある時期にフーコーはジャン・バラケとの別離を考え、またフランスを離れて自分の「経歴」に距離を取りたいと考えるようになるからである(75)。この「経歴」にはフランス共産党や史的唯物論、また人間学的な実存論の影響のもとに「真の心理学」を模索してきた過去も含まれるだろう。

そしてフランスとの関係やバラケとの関係についても矛盾する態度が見受けられる。一九五五年八月末頃に彼ははじめてスウェーデンのウプサラに到着し、その三日後のバラケ宛ての手紙で、自分の唯一の希望はフランスに帰ることができるように博士論文を十分進展させることだと書いている。だがその数日後には、バラケが望むのなら、翌年五月を最後にしてフランスへ帰ってもいい……と書くからである。(76) こうした葛藤をはらみながら、一九五五年秋にフーコーはウプサラのフランス会館に講師兼館長として赴任する。結局、この移動はバラケとの関係の破綻と時期的にほぼ重なることになるだろう。

V　デカルト的契機から、哲学の第二幕へ

『狂気の歴史』を書く――ぼくは二〇世紀のデカルトだ

二十代の終わりに、フーコーは異国に住まう人となる。彼はフランスの社会とその文化に対する違和感――彼の同性愛とも関係しているが――を抱きつつ、一九五五年の秋にスウェーデンのウプサラにあるフランス会館の館長に赴任する。ウプサラはストックホルムから北へ七〇キロほどの街で、北欧最古のウプサラ大学とその図書館があり、彼はこの大学でフランス語・フランス文学の講師を務めている。この仕事はフランス外務省による文化事業の一環に属していたが、それが彼の流離譚のはじまりでもあった。彼は同様の任務で五八年一〇月にワルシャワに赴任し、五九年一〇月にはハンブルクに赴任する。

しかしながら、これらの移動は必ずしも自由気儘なものではなかった。フーコーはジョルジュ・デュメジルの紹介でウプサラへ行ったのだが、この北欧の地で、彼の博士論文の主論

文『狂気と非理性：古典主義時代における狂気の歴史』の研究と執筆がはじまった。だが、彼の研究はウプサラ大学では理解を得られず、いわば「役立たずで余計者の旅行者」としてウプサラを離れるという苦い一面もあった。一九六〇年二月にハンブルクで書かれた『狂気の歴史』の序文には、ジョルジュ・デュメジルがいなければ、この著作は「スウェーデンの夜の裡に企てられ、ポーランドの自由の頑固なおおいなる太陽のもとに完成されることもなかった」と記されている。(77)

思い起こせば、デカルトもまた故郷を離れ、何度かパリに滞在したこと、大規模な戦争の時代を経験し、当時の知識人と交流を重ねながら、オランダ、ドイツ、イタリアなど、欧州各地を旅して回ったこと、また外国であるオランダに移り住んだこと、晩年にスウェーデンのストックホルムに招かれ、クリスティーナ女王に講義したことなど――旅と移動の人生を送っている。

フーコーもパリを去ってウプサラに赴任した。そしてスウェーデンの厳しい冬を経験し、博士論文のための研究を重ねるなかで、「ぼくは二〇世紀のデカルトだ。この地でへたばるだろう。その上、幸いにもクリスティーナ女王がいない」とやや皮肉な言葉を洩らしている。(78)デカルトはクリスティーナ女王に懇願され、一六四九年一〇月にストックホルムに着くが、翌年二月にその地で亡くなったからである。

フーコーは自分には「幸いにもクリスティーナ女王がいない」と洩らしたが、カントのいうように、この女王が「知ったかぶり」で「理性的であるとはいえない」のなら、(79)彼女が周囲にいないのは「幸い」というべきだろう。だがこの場合、フーコーがウプサラを去ろうとも、彼を強く引き留め、彼の論考を理解しようとする熱心な教授もいない以上、その地を離れても支障はない……という意味で「幸い」なのである。この意味では、デカルトは熱心な女王に求められて不幸にも客死したことになる。

博士学位主論文『狂気と非理性』（『狂気の歴史』）は一九六一年五月に出版され、審査委員会の審査を通過する。フーコーはその前年にフランスに戻り、その一〇月にオーヴェルニュ地方にあるクレルモン＝フェラン大学に赴任していた。

『狂気の歴史』におけるデカルトのコギトの位置づけをめぐっては、この学位論文の審査委員長を務めたアンリ・グイエが疑問を呈していたのだが、それから二年後、ジャック・デリダから批判がなされた(80)。デリダは一九六三年の講演論文で『狂気の歴史』におけるフーコーの試みを「構造主義的な全体主義」（totalitarisme structuraliste）の暴力として批判したのである(81)。フーコーの試みはデカルトのコギトを、すなわち古典主義時代の理性の根源にありながらも、その理性の内部にも外部にも属さない零度の形象を、この限定された理性の内部へ力ずくで閉じ込めているというわけである。

デリダとのすれ違い――コギトの場所をめぐって

『狂気の歴史』によると、『省察』におけるデカルトの懐疑は厳密に方法的なものである。そこで省察の主体は懐疑を明証性のもとで方法的に統御しようとする不断の意志を堅持しており、この主体は「自分が狂人ではありえないこと」を自覚している[82]。この場合、主体の主権の行使である「思考」（われ思う《コギト》）の確実性は疑いえないのであり[83]、この確実性を支えとする理性は、狂気を非理性と見なし、自分とは対極の位置に分離する。この理性の秩序は一七世紀の欧州諸国における——たとえば社会経済的諸条件がその口実となる——大規模な監禁の実践とその暴力性に通底している。古典的な理性の秩序の成立と、それに相関する狂人、浮浪者、放蕩者、無頼の徒、貧困者、受刑者らの包括的な監禁は一種の道徳的な「感受性」としてこの時代の文化のなかに結晶している。

その少し前、一五世紀半ばから一六世紀にかけて、ボッシュの絵画やブラントの作品が描いたように、狂人たちを乗せて河や海に流した「阿呆船」(stultifera navis)の主題が登場する。阿呆船は狂人たちを閉じ込めて水辺を通過していくが、それは「あの世へ赴く」のであり、世界の終焉を象徴する悲劇的で怖ろしい運命の光景をなしている[84]。だが一七世紀の中葉になると、狂人たちは「この世にとどまって」人間が統御する地上の監禁施設に収容され、他の逸脱者の諸類型と混じって、象徴的な奥行きのない、生の惨めな仮象となる[85]。デカルトの『省察』は西欧諸国でこの歴史的な変化が共起する時期に書かれている。しかもデカルトのコギトは真理の確実な基盤であり、その意味では狂気を排除する理性の起点に位置している。

しかし、デリダによると、デカルトが見いだしたコギトは「狂っているとも、狂っていないとも」いえない。それは古典的な理性の秩序の「零地点」(point-zéro)に位置している[86]。デカルト的理性が行った狂気の排除というのは、むしろフーコーが行ったデカルト的理性の構造主義的で暴力的な監禁の裏返しとして見えてくる仮象にすぎない。

デリダによれば、①第一省察のなかで狂気から夢へと論点を移すとき、省察主体は素朴な対話相手の声（自分は狂人ではないと信じる排除の声）を仮想し、その自然的安逸さに身を置くふりをしているだけである[87]。それは狂気の経験を夢の経験というはるかに普遍的な錯誤の可能性のなかに包括して懐疑を進めるためであり、省察主体はそこで狂気の排除を行っているわけではない。また、②第一省察〜第二省察で「悪しき霊《マラン・ジェニ》」の介入による本格的な錯乱の可能性を想定することで、省察主体はより徹底したかたちで狂気の可能性を取り込みながら懐疑を進めている。結局、懐疑の過程に狂気の排除はなく、むしろ思考する限り、わたしが狂人であろうとなかろうと、コギトの確実性は疑いえないというのである。

ただし、デリダは次のような留保も置いている。すなわち、コギトという懐疑の尖端に現れる価値（コギトの真理）を言葉にし、その意味を伝える反省的な時間がはじまるとき、コギトのはたらきは理性の活動と同一視され、監禁はそのときにはじまるのだと。この局面では、思考する主体は狂気であってはならない。ここで「狂気に対抗する私の言説を保証する」のは神だけである[88]。デリダによると、デカルトの神とは理性そのものの絶対性の別名であり、意味一般の絶対性の別名である[89]。コギトはこのような神の見守りに代補される構造――理性への反省的な帰属――のなかで狂気から分離されることになる。

デリダは一九六〇年代に理性一般の、そして意味一般の可能性を前提するロゴス中心主義

――あるいはそのロゴスを語り、現前させる媒体の特権性を肯定する、音声中心主義や現前の形而上学――の「脱構築」（déconstruction）を試みる。たとえば一九五五年に『悲しき熱帯』が、一九六二年に『野生の思考』が刊行されているが、レヴィ＝ストロースの構造主義的なテクストも、ルソーやソシュールの系譜を介して、この音声中心主義に通底しているとされ、脱構築の対象となるだろう。デリダはフーコーの『狂気の歴史』（一九六一）にも構造主義的な思考の現れを見ており、デカルトのコギトの位置づけにおいて、構造主義的な「全体性の物語」の投影を読み取るのだが、これは彼の一連の試みの一つといえよう。

構造主義は一つの閉域をなす意味の秩序を取り出し、この秩序を支える形式的な構造を分析する。構造の効果として成立する意味の世界は、その外部への接近が狂気じみた侵犯になるように内閉化している。外部への開けは自然で自明な禁忌によって隠されている。

だがこの禁忌を、そこで構造が閉じていることを兆候的に示す〈痕跡〉として解読することも可能である。なぜなら〈痕跡〉を禁忌のかたちで残して何かが消されており、その代わりに意味の秩序が自然で自明な形式として現れているからである。構造主義の脱構築の試みは、この消失／出現の過程でどんな〈暴力〉が作動したのかを解明しようとする。『狂気の歴史』の場合、フーコーは構造主義的な歴史の同一性の内部にデカルトのコギトをまるごと閉じ込める、歴史主義的な還元を行っているとされ、コギトはこの暴力の犠牲者とされる。デリダの読解を軸に事実関係を読めば、①コギトの尖端的な経験が消去され、②そのコギトに根づくはずの古典的な理性がいわば自立的な秩序の主体として出現し、狂気を監禁する世界の地平を警察のように循環していることになる。デリダはこの見立ての後半の部分を認めているので、コギトはむしろ犠牲者であり無実であることを弁明しているようにみえるだろう。

二つの書簡から——対象の次元の差異・分析枠組みの違い

一九六二年に、デリダはフッサールの『幾何学の起源』を翻訳し、それに長い序文を付して刊行している。このときフーコーは、丁寧だが、将来への配慮を滲ませるような手紙を送っている。この手紙は、デリダの仕事が「哲学の第一幕」(l'acte premier de la philosophie) である「読解」(lecture) という行為——「テクスト」中心の読解——に徹していることへの一般的な敬意を示しているが、同時に、本当の問題は「第二幕」だという示唆を伴っている(90)。それゆえこの時点で、一九七二年の反論の基本的な枠組みはほぼ確定していたも同然なのだが、フーコーとしてはその後の進展を見てからという思いだったのだろう。

フーコーはデリダの序文を読み、問題意識の違いを強く感じたものと思われる。というのも、デリダによる『幾何学の起源』の翻訳が刊行された一九六二年頃、フーコーはダニエル・ドゥフェール宛ての書簡で、フッサールの「この余りにも失望的なテクスト」が自分に「考古学の概念を深めるように強いるのだ」と書いていたからである(91)。フーコー自身は一九五〇年代に『幾何学の起源』を読んでいたのだが、この同じテクストを読んで、デリダがロゴス中心主義や現前の形而上学の「脱構築」の試みに留まるのに対し、フーコーは「考古学」の展開に向かうというわけである。

実際、一九六二年というと、フーコーは臨床－解剖医学の領域における医師のまなざしと語り方（言説《ディスクール》）の歴史的で構造的な変化に注目し、「医学的まなざしの考古学」という副題を付した『臨床医学の誕生』（一九六三）を執筆していた時期にあたる。フーコーは同年九月にこの考古学的な研究の原稿をアルチュセールに見せている。このように、当時のデリダとフーコーのすれ違いは、「テクストの脱構築的な解読」／「言説の考古学的な分析」というように照準する対象の次元の違いと分析枠組みの差異に発している。

デリダの場合、『声と現象』（一九六七）などに見られるように、現象学とそれが帰属するとされる現前の形而上学を脱構築するとしても、実はそのために現前の形而上学に内在すること――異物的・異生的なはたらきの主体として寄生すること――を前提せざるをえない。しかも、現前の形而上学の支配とその内閉化の仕方を突き止め、それを可能にしている暴力や禁止のかたちを明らかにするとしても、それ自体は、現前の形而上学の外部への展望や別の可視性のかたちをポジティヴに開示するものではない。それが哲学の第一幕が演じられている舞台にひびを入れ、それを根本から揺らめかすとしてもである。

他方、フーコーの場合、カントの『実用的見地における人間学』の翻訳に付した序文のなかで、フッサールの現象学とそのデカルトへの準拠に対して端的に距離を取っている。

現象学的還元は超越論的と錯覚されたものに向かって開かれただけで、期待された役割を果たすことなどできなかった。つまり批判的考察なしですませ、それにとってかわることなどできはしなかったのだ。フッサールの思考はある時期、カントの追憶をふりはらおうとしてデカルトに参照を求めたけれど、それでも諸々の構造の不均衡は隠せなかった。[92]

この文章は続く箇所で、フッサールの現象学だけでなく、実存分析、そしてフーコーが一時傾倒したビンスワンガーの現存在分析にも距離を取っている。だが彼は、これらの距離を通して実定的な歴史の領野を発見し、『狂気の歴史』を書いていくのである。

フーコーからすると、哲学の第二幕は、哲学の歴史をテクスト中心主義的な読解――それがテクストの脱構築をめざすものだとしても――から解き放ち、哲学史の成立する水準自体を読み替えることからはじまる。それはデカルトの思考とそれが狂気じみて見えるほど固執した明証性の規則を、じつは「重要な曲がり角」として標定する歴史をめざすだろう。哲学の第二幕は、哲学の舞台の内部で演じられるのではなく、この舞台の実定性を支える諸実践の領野を相手として演じられるゲームになるというわけである。

こうした背景のもと、フーコーはデリダの批判に対して否定的な含意――失望感や方向感の違い――をはらんだ沈黙を続けている。ただし、フーコーは一九六三年三月のデリダの講演を会場で聴いたあと、自著を取り上げられた感謝の思いと、講演を聴いた印象をデリダ宛ての手紙に書いている。フーコーはそのなかで、デリダがこの講演で問題にしたコギトと狂気の関係を、自分は「あまりにも無礼に扱いすぎたのでしょう」と述べている[93]。つまり、デカルトに対する無礼である。だが、これもデリダへの反論を予見させる言葉だろう。それは「ぞんざいに扱いすぎた」という意味でもあり、機会があればデカルトの「省察」について、また歴史的な分析についてもっと丁寧に説明したいという反省を含む言葉でもある。

フーコーとしては、①前の手紙では、デリダの読解が「明証性」(évidence)を求める神格(ロゴス)への挑戦に捧げられていることに対して、②この手紙では、デリダの読解が哲学の舞台の上をあまりにもつつがなく(かぎ裂きも、障碍も、取っ組み合いもなく)「真っすぐ」に進むことに対して、まだその目標地点を見定めたわけではないにしても、印象深いものを感じたのだと思われる。

『狂気の歴史』第二版の反論

こうした背景のなか「狂気、営みの不在」(一九六四)が書かれる。それはアンリ・グイエの疑問に対する回答でもあるだろうが、フーコーはそこで自分自身の問題構成やその方向性を示しているので、これがおそらくデリダの批判に対する第一次の回答になるだろう。フーコーはこの論文で狂気に隣接する文学の言語を取り上げながら、方法論的に見れば、自分は構造主義の地平に対して内在的 - 寄生的な批判をするのではなく、構造主義と外在的に交差する考古学的・系譜学的な立場を取ることを明示している。構造主義の脱構築ではなく、構造主義に外在するというスタンスは、ジル・ドゥルーズも分かち合うところとなる。[94]

一九七二年の『狂気の歴史』第二版で、フーコーは第一版の序文を差し替えるとともに、「狂気、営みの不在」と「私の身体、この紙、この炉」という二つの論文を「補遺」として付加し、とくに後者の論文でデリダの批判に対して詳細に反論することになる。フーコーの反論のポイントは多いが、ここで注目すべきは次の四点だろう。

①第一省察で狂気から夢へと場面を移すさい、省察主体が別の主体の声――自分が狂人である可能性を疑うことのない素朴な主体の声――を仮設しているとは認められない。省察の過程は、懐疑する主体が自分の言説実践を通じて変容していく過程（孤独な試練の道程）である。ここで「声の複数性」を認めるのは、省察の実践（言説）をテクストに、そしてロゴス一般の運動に包摂しようとする超越論的な理由からだろう。それはこのロゴスの運動の超越論性を根底から相対化しようとする、デリダ自身の問題化の文脈から要請されているのではないか。

②『省察』で使用されている狂気や狂人を意味する言葉のうち、ⓐ医学的な意味で正気を欠いている状態を特徴づける《insanus》という言葉と、ⓑ法的な意味で主体としての資格が剥奪されている状態を意味する《amens》や《demens》という言葉との違いを区別する必要がある。前者の意味での狂気や狂人は省察の対象として言及できるが、後者の意味での狂気や狂人は省察の主体としての資格を剥奪され、省察の過程から排除されている。この二つの概念を介した言説実践の違いを混同してはならない。

③第一省察で仮設される「夢の経験」と狂気の経験は、言説的な位置づけで見ると、まったく異質なものとなっている。この言説的な差異を考慮すると、「夢の経験」が狂気の経験を含むより普遍的なカテゴリーだと考えるのは無理がある。狂気の経験は、「夢の経験」によっては掬い取れず、結局はその埒外《らちがい》に排除されている。

④第一省察で仮設され、第二省察でより詳しく検討される「悪しき霊」の仕業に対し、省察主体は自分は欺かれているのではないかと、懐疑を貫く。省察主体は全面的に騙されている可能性のなかで、なお懐疑をやめない。だが、狂気の経験では、狂人は自分の途方もなさを疑うどころか、ただ信じ込んでいる。それゆえ「悪しき霊」の事例は狂気とは異なった経験のための参照点というべきだろう。「悪しき霊」が狂気じみた力を帯びて見えるのも、省察主体がすでに狂人である可能性を排除した後のことだからである。

このように重要な論点を検討したあとで、フーコーは真理を求める言説実践とそれを介した言説の主体の変容という問題を強調するとともに、デリダの読解の仕方はある計画的な仕組みに属しているとして次のように述べている。

今日デリダがもっとも決定的で、最後の輝きのなかにある代表者となっているその仕組。すなわち、言説中心の実践をテキスト中心の痕跡へ還元すること、読み方にとってのいくつかの特徴だけに留意するため、その実践で生じている出来事を省略すること、言説への主体の包含関係の様式を分析しなくてもすむように、テキストの背後に、ある声を考案すること、起源にあるものをテキストのなかで述べられることと述べられないこととして規定し、言説中心の実践を、それがおこなわれる変容の場にふたたび位置づけしないこと[95]。〔傍点引用者〕

フーコーはここでこの仕組みを教育（pédagogie）だという。それは、テクストの他には何も存在しないが、テクストの内部には、テクストの透き間には、そしてテクストの空白や沈黙の部分には、起源の貯えが充満していると教え込む教育である、[96]と。『言葉と物』の分析からすると、テクストはある起源の痕跡ではない。それは言説実践の相関項としてテクストの外の空間にひらかれている。この言説の領野では、テクストは起源の拘束力から解放され、その意味では死んだ形象のようにメスを入れられ、様々な光を当てられる。それは他のテクスト群と同じ厚みにおいて、またそれらのテクスト群との未知の関係を明らかにするために腑分けされるだろう。

VI　思考の二つの系譜——霊性と明証性のあいだで

デカルトへの再帰——哲学史の展望へ

デカルトの明晰な〈省察主体〉は、セルバンテスの〈ドン・キホーテ〉やシェークスピアの〈ハムレット〉、あるいはゲーテの〈ファウスト〉の伝説的な原像（黒い魔術師《ニグロマンタ》など）が並び立つ悲劇的な死の場所から抜け出すような位置に立っている(97)。それは西欧の思考に古典主義時代の「表象の空間」がひらきはじめる地点でもある。デカルトの哲学的テクストに登場する〈省察主体〉は、これら三種の人物形象が「信じる」ものを、そして彼らの騎士道物語、幽霊譚、錬金術をめぐる一六世紀的な想像力のあり方を容赦なく「疑う」だろう。彼が「疑う」のは真に確実性を求めるからだが、そこには何か異変が起こっている。人々が信憑《しんぴょう》するものをすべて疑い、真偽を明証的に分別したいという情熱は、宗教と国家が絡む、戦争の時代の歴史的な不安を平衡錘《へいこうすい》としているようにも見えるからである。

しかし、フーコーによると、省察主体による「懐疑」の徹底ぶりだけに眼を奪われてはならない。重要なのは第一に、この省察主体が――狂人は除くとして――思考する他の誰にでも「一般化可能」な位格をもつことである。第二に、この省察主体は幾何学の証明における「順序」(ordo) を範とし、明晰判明な諸手続きを介して真理の言説を獲得していることである。省察主体は誰であるにせよ、一貫して明証的で確実な手続きに従うかぎり、自己の倫理や霊性にかんする配慮を原理的に問われることはない。省察主体が懐疑の過程で「明証性」(evidentia) への配慮に従うことは根本的な原則なのである。

フーコーからすると、認識とその「明証性」だけを真理獲得のゲームの根本的な支えとする省察主体の登場は、古典主義時代の枠を超えた長い歴史的展望で見るとき、それほど自明なことではない。フーコーはこのような主体の登場に「デカルト的契機」(moment cartésien) を見る(98)。だが、それは思考の歴史における単純な切断の「瞬間」(moment) をいうのではない。デカルト的な省察主体の歴史的な位置と意味は、ソクラテスの時代以降の哲学史における〈パレーシア〉――「真実を語る」という哲学的な言説実践――の長期にわたる複雑な展開のなかで理解する必要がある。[99] フーコーはデカルトの「省察」に対する読解の練り上げをくり返しながら、哲学の思考が辿った歴史の分析を試みるのである。

言説実践の視点と得られたもの――デカルトの省察を通して

デカルトの「省察」に狂気の排除を見たフーコーの解釈／デリダの批判／フーコーの反論という一連のやり取りには多くの議論がある。なかでも重要な焦点は、（1）第一省察における狂気から夢への議論の移行過程において狂人の排除があったかどうか、そして（2）第一省察で「欺く神」の次に呼び出され、第二省察で乗り越えられる〈悪しき霊《マラン・ジェニ》〉の仮説と狂気の経験との関係をどう理解するかだろう。

　ジャン゠マリー・ベイサッドはフーコーの読解を批判した一人であるが、[100] フーコーによると、ベイサッドが批判している論点の多くは、デリダへの反論で明確化し、修正し、あるいは捨てたものだが、この点で混同が含まれているという。そしてそれらの問題点を指摘したうえで、フーコーが手短かに反論したのは、デカルトが「第一省察」で論及の対象を狂人から夢みる人へと移行させるときに関係する、次の三点である。[101]

　①ベイサッドはデカルトの『自然の光による真実の探求』における三人の人物の会話内容（三人の声）を参照し、このテクストを投射して第一省察の問題の箇所を解釈している

が、第一省察の言説実践には「声の複数性」は認められないこと。
②狂人の扱い方に関係するラテン語の《amens》と《demens》の差異にかんして、ベイサッドとは認識が違うこと（前者は程度の差はあれ正気とは思えない状態を示すが、後者は正気そのものを所有していない事態を意味し、省察主体が「その振りをする」ことなどできないこと）。
③「第一省察」で狂気から夢へと話題を移す直前の文章にある《viderer》（ラテン語の動詞《video》の接続法・受動態・未完了過去の一人称形）の意味についてベイサッドとは認識が違うこと（動詞《video》のここでの意味を、ベイサッドは弱めに「印象を与える」、つまり《seem：……のように見える》と理解するのに対し、フーコーはそれを強めに《appear：……として現れる》という含意で理解すること）。ちなみに『省察』のCSM版（一九八四）では、この箇所は《I would be thought equally mad……》と訳されている。

これら三点は連携しており、〈デカルトの省察主体は自分が狂気である可能性を排除している〉と考える、フーコーの分析の根幹に組み入れられている。

ここで、フーコー自身の問題構成として重要なのは、ⓐテクストを横断する「言説的な差異」を発見し、それらの差異を通して、省察主体が狂人から省察を行う資格を剥奪している姿を浮かび上がらせようとしたことである。また同時に、ⓑ言説の系譜における差異として、省察主体が懐疑の過程に「明証性」を確保するというかたちで——神の見守りに代補されながら[102]——自立の過程を歩んでいる姿を捉えようとしたことである。

この場合、ⓐの論点は、〈われ思う《コギト》〉の主体が狂気を排除するという意味で、同じ時代にはじまる狂人たちの監禁を捉えた『狂気の歴史』の分析に連接している。ⓑの論点は、ベラスケスの絵画『侍女たち（ラス・メニナス）』における表象のシステムの自己準拠的な自立の発見、つまり『言葉と物』での分析へ連接していく。〈われ思う〉の主体がどこかに神の見守りと支えを必要にするとしても、この代補的な関係を通して、〈われ思う〉の主体、つまり自己の存在を表象する主体とそれが包み込まれる表象の空間そのものの自立という出来事を見定めることこそ、フーコーの系譜学的な言説実践の分析にとって重要な試金石だったことになるだろう。

思考の歴史における二つの系譜

フーコーがデリダへの反論で力点を置いたのは、『省察』における懐疑主体の言説実践がもたらす主体自身の変容を見定めることであった。この観点から、フーコーはやがて古代以降の哲学的言説の系譜を、「真理の言説」を求める実践という解読格子を通して捉えなおそうとする。この言説実践の水準には言説を行使する者の勇気と危険な運命が交叉している。デカルトにしても、宗教や政治の力が交錯するなか、言説の危険を生きることなしには『省察』に到達しなかったのであり、この危険に対する孤独な構えは、自己準拠的な「確実性」の追求や「明証性」への志向を結晶させるように促したと思われる。

フーコーは、デカルトにおける確実性の追求や明証性への志向が、思考する主体の認識の自立へ向かうことに、西欧の思考の歴史における重要な屈折を見ている。

ヨーロッパ文化のなかには、十六世紀に至るまで、「真理に近づくことができ、また真理に近づくにふさわしいものになるために、自分自身に対して行なうべき仕事とは何なのか」という問いが存続しています。すなわち……真理はつねに支払われるものである。禁欲がなければ真理に近づくことはできない、ということです。十六世紀まで、禁欲主義と真理への接近は、西欧文化においては、多かれ少なかれひっそりとしたかたちでつねに結びついているのです。

　わたしはこれを打ち破ったのがデカルトだと思います。デカルトはこんなふうに言っています。「真理に近づくためには、このわたしが、何が明証的であるかを見ることができるような何らかの主体であるだけで十分である」と。自己への関係と他者への関係、つまり世界への関係とのあいだの接続点において、明証性が禁欲と取り替えられたのです。自己への関係は、真理に見合ったものであるためにはもはや禁欲的である必要がないのです。[103]

これは一九八三年四月、バークレーで行われた、H・ドレイファスとP・ラビノーによるインタビューでの発言である。フーコーによれば、デカルト以前には、人は不純で不道徳でありながら「真理を知る」ことはできなかったが、デカルトとともに「明証性」（l'évidence）の規準をみたす直接的な証拠だけで十分なものとなる。「デカルト以後、目の目を見ることになるのは、禁欲に限定されない認識の主体です」というのである。[104]

これに関連するが、一九八二年一月六日の講義でフーコーは次のように語っていた。[105] すなわち、古典古代の時期を通して、「いかにして真理に接近できるか」という哲学的問題と、真理への接近を可能にするのに必要な「主体の存在そのものの変形」である「霊性の実践」（la pratique de spiritualité）は——アリストテレスという重要な例外もあるが——一度も切り離されたことはなかった。しかし、歴史をさらに長期的に眺めると、「主体が真理へと到達できるための諸条件が認識であり、ただ認識だけである」ということを認めるときがやってくる。それを境に真理の歴史は新しい時期に入ったのだが、「デカルト的契機」はそこに位置づけられ、そこで意味をもつというわけである。

もちろん、先述したように、デカルト的契機は歴史の長く複雑な過程ではたらいており、決して単純な瞬間の出来事ではない。つまり、思考のシステムの歴史を貫く、明証性の系譜と、禁欲や霊性の系譜という二つの流れが乖離し交錯もする、長い歴史の過程を見据えなければならないのである。思えば、一九六一年の『狂気の歴史』に発し、『言葉と物』を経たあと、フーコーの問題化の軸線は、やがて古典古代に遡り、そして現代にまで届くような思考の歴史を展望するところまで達したわけである。

こう考えると、フーコー自身がこの歴史のなかでどのように位置づくのかという興味深い問いが喚起されてもおかしくない。一七～一八世紀には、デカルトやデカルトへの螺旋的な補完関係においてカントもその重心を置いていた「明証性」の系譜があり、[106]一九世紀には、ヘーゲル、マルクス、ニーチェらに見られる「霊性」の系譜がある。フーコーは後者の側に位置するように見えるかもしれないが、事はそう単純ではない。デカルトの場合でさえ、真理に到達するための「省察」の過程では――省察の内容だけが問題なのではなく――むしろ省察主体を変容させる厳しいゲームとして、つまり実際的な「試練」(*gumnazein*/*épreuve*)として省察が行われている、と考えられるからである。[107]

霊性の系譜ということでは、ニーチェの『善悪の彼岸』や『道徳の系譜』だけでなく、マルクスの『ゴータ綱領批判』やレーニンの『国家と革命』もフーコーの仕事に何らかの影響を与えたことは否定しがたい。だから人は『狂気の歴史』にニーチェの著作の「寓話的な影」を見るだろうし、『言葉と物』が洩らした人間の消滅という言葉に、レーニンのいう国家の死滅の「預言的な影」を見るかもしれない。しかし同時に、明証性の系譜がフーコーの仕事を触発したことも事実である。『狂気の歴史』ではデカルトの「省察」の明証性に触発され、『言葉と物』ではカントの「批判」の合理性や「人間学」に含まれる有限性の罠に触発されることによって、フーコーは自分の言説に固有の可能性を摑み取っているからである。

二つの系譜のいずれに対しても、フーコーにとって、影響や触発というのは、影響され触発される側が、影響し触発する他者に対して自分を差異づけ、抵抗することであった。それは二つの系譜を交叉させたり、系譜の連続性を問題化したりすることを含むからである。たとえば、ニーチェが老いたるカントの末裔に見え、マルクスやレーニンの預言が有限性の構造――終わりのない終わりへの願望に支配される構造――に収まるように見える、どこか遠く離れた場所があり、フーコーは二つの系譜の屹立に対して、そのようにずれた位置を探し続ける。そこからは何と興味深い風景が見通せることか……と。

Ⅶ　フーコーの振り子は移動しながら揺れる

『狂気の歴史』の構成とフロイトの両義性

『狂気の歴史』第二版でのフーコーの反論から一九年後、『狂気の歴史』刊行の三〇周年を記念するシンポジウムが開かれ、デリダは「フロイトに公正であること」という報告を行う。この標題は『狂気の歴史』の第二部第四章の、フロイトが非理性との対話の可能性を復活させたことを評価する文脈で用いられた言葉の引用でもある。(108) デリダはかつてフーコーを批判したことを振り返り、自分は学校的で文献学的で文法的な、また支配的で安定した規約を考慮したテクストの「読解」が必要なことを指摘したのであり、フーコーのようにデカルトのテクストを「兆候的で歴史的な一つの解釈」へ回収する前に、テクストそれ自体の意味を理解するべきだと述べている。(109) デリダの報告論文にはこの種の述懐がときに甦るが、彼の問題はデカルトの『省察』の解釈に単純に再帰することではなかった。

デリダはこの論考で『狂気の歴史』と『言葉と物』というフーコーの二つの主著をめぐって、他の諸著作を参照しつつ、彼自身の考察をくり広げていく。この考察の準拠点となるのはフロイトとその精神分析である。デリダによれば、一九六三年に彼がデカルトの『省察』をめぐって『狂気の歴史』（一九六一）を批判したのは、フーコーが「デカルト的契機」に与えている戦略的重要性だけではなく、一九六〇年代初めに「精神分析の極めて近くで、実際には、或る一定の精神分析およびラカンの理論の世界において、或る一定のデカルトへの参照が演じていた役割」を考えていたからだという(10)。デリダからすると、ラカンはデカルトの思考に「或る一定の乗り越え不可能性」を見ていたのだが、フーコーはこの乗り越え不可能なものに対して不審な挙動を見せたことになるのだろう。

もう一つ重要なのは、ここでデリダが、『狂気の歴史』が叙述の対象とした古典主義時代ではなく、『狂気の歴史』をフーコーが叙述した時代、つまりその書物が属す時代から、フーコーの叙述の可能性を問い直そうとしたことである。デリダによれば、この書物が属す時代とは「精神分析の時代」である。他方、フーコーによれば、それは我々がまだそこから抜け出していない一九世紀初頭以降の近代性の時代であり、人間学的な「有限性の分析論」が知の台座をなす時代、つまり「有限性（finitude）の時代」ということになる。デリダはこうした事情を踏まえつつ、『狂気の歴史』は精神分析に対して両価的《アンビバレント》な矛盾する語り方をしているが、じつはフーコーの企て自体、彼の書物に交差配列的《キアスム》な語りをもたらす「精神分析なしに可能だったのだろうか」という問いを提示するのである。

まず確認するべきは、フロイトの精神分析が『狂気の歴史』でどのように位置づけられているかだが、デリダによると、この書物がフロイトに与える位置は両義的であり、歴史的に相反する二つの系列（狂気に親密な側／狂気を監禁する側）のあいだで、ある時は狂気の経験に親密な人々の系列に属し、別の時は狂気を閉め出す人々の系列に属している。フーコーの評価は「振り子」(pendule) の交互運動のように奇妙な揺れを見せているというわけである。[11]

デリダによれば、第一の系列はフーコーが狂気との関連で積極的な価値付与を行う側にあり、狂気の間近で閃光のように耀く作品を残した人たちの系譜である。つまり、ニーチェ、ヴァン・ゴッホ、アルトー、そしてヘルダーリン、ネルヴァル、ルーセルらが属す系列である。第二の系列は狂人を解放すると同時に監禁した側であり、フィリップ・ピネルやサミュエル・テュークらに代表される精神医学や社会事業の系譜である。ピネルは雑駁な監禁の壁から狂人を解き放ち、彼らに自由を与えるが、彼らの自由のあり方を疎外された主体のそれと見なし、狂人保護院《アジール》のなかで彼らの主体＝主観性の領域を権威的かつ自由に支配したことになる。[12]だから医師は父親にして審判者であり、保護院は家庭にして法の場所だったというのである。

これら二系列の人たちは一八世紀末以降の近代性の時代に属すが、この点ではフロイトも同様である。だが、フロイトという〈悪しき天才《マラン・ジェニ》〉は、一方では狂気を閉め出す理性の側に現れ、他方では非理性の可能性として現れるというように、両義的に扱われている。だがこれによって、デリダは「フーコーが矛盾している」と言いたいのではない[113]。なぜなら、この矛盾はフーコーが扱っている事象自体の性格に起因すると考えるからである。理性／非理性の分割を思考する場合、この思考はその全体においては形式化できず、この思考を説明するメタ言語が成立しない領域に入り込むだろう。問題の矛盾はフーコーの思考もまたこの奇妙な領域に捕捉されたままであることを示している、というわけである。

理性と非理性の分割線をめぐって

デリダの思考方式では、理性／非理性の分割という問題は、理性とは何か、理性の原理とは何かといった問いに行き着く[114]。それゆえカントの理性批判のように、我々の認識が安全な領域に身を保持するため、理性の誘惑（理性の超越論的使用）に制限を課す試みは、この問いに積極的に答えることができない。それは理性／非理性の分割が実際にどんな様相で存在するのかを明らかにしないからである。理性の超越論的使用は神や世界や理性自身にかんする「錯視」を生むが、それは理性の限度を越えた使い方であって、非理性というよりも、理性の自然な逸脱のかたちにすぎない。理性批判はこの逸脱のかたちを明らかにし、「警察」(Polizei) のように逸脱の防止に努めるだけである[115]。

しかし、非理性とは、理性を欠いた錯乱状態であり、理性の統整的使用／理性の超越論的使用からなる地平に対して外在する何物かである。この意味で純粋理性の批判は、非理性にも、狂気にも触れていない。カントは『脳病試論』で「精神薄弱」から倒錯（錯乱）までの

「あたまの疾患」の簡単な「一覧表」(Onomastik) を提示していたが、[116]『実用的見地における人間学』ではより踏み込んで、「精神異常」(Verrückung 狂気) に対する分類的な「見取り図」(Abriß) を与えながら、この問題の深さを考えている。[117] ただしカントは彼のいう精神異常 (狂気) が人間学の実用性の限界を超えているとして、まず次のように述べている。

秩序が根本的に壊れ、しかも治る見込みのないものを体系的に分類することは難しい。またこうした試みに力を注いでもあまり益があるとも思えないのは、この種の分類は当人の悟性使用を通してのみ目的が達成せられうるのだが、その際 (身体的な病気ならたしかに可能なのだが) 当人の主観の諸力が協力してくれないので、分類によって何らかの治療を促進しようという意図は無駄に終わってしまうに違いないからである。[118]

だがカントは、『視霊者の夢』で心霊現象を妄想と思いながらも、それに心惹かれる人間の「不条理な心のあり方」に不気味なものを感じるのか、それを懸命に否定し、理性とその限界を確定する試みへ向かう寸前の、微妙な姿を見せている。[119] このときカントは、理性／非理性の分割線の前後に発生する揺れ――奇妙な振り子の揺れ――を感じながら、その分割線の近傍を通過したようにみえる。

カントは『人間学』でも秩序が根本的に解体したと見られる精神異常に対して微妙な接近の仕方を見せている。彼はこの種の精神異常 (狂気) を「騒々しいもの (amentia) ／理路整然としたもの（dementia）／断片的に理路整然としたもの（insania）／体系的なもの（vesania）」の四つに分ける。問題は第四のタイプの精神異常であり、これを体系的と呼ぶのは、この狂気には「理性（Vernunft）の使用規則に関する無秩序や逸脱」だけでなく、同時に「積極的な反理性」（positive Unvernunft）も見られるからである。この場合、「魂が別種の規則ないしまったく異なった見地へとずらされ、そこからは魂はあらゆる対象を別様に眺める……」のであり[120]、この狂気は理性／非理性の分割線を同時にまたぐかたちで「場所を狂わせる」（verrücken）というわけである。

　ボルヘスのいう『善知の天楼』――フーコーが『言葉と物』の序文で引用した「中国の百科事典」[121]――には、じつは西欧人好みの自己言及の矛盾を含む、奇態な動物の分類法が示されている。しかし、カントが精神異常（狂気）の体系的な分類の難しさを意識していたのは、こうした自己言及の矛盾に形式化できない何かを感じていたからだろう。カントは「積極的な反理性」という、いわば理性／非理性の〈重ね合わせ〉のような狂気を、そしてその分割線の「場所を狂わせる」ような狂気を見ていたからである。カントはそこで単なる論理矛盾ではなく、錯乱の諸力がそのまま何か一つの体系に秩序づけられているという現実に直面していたように思われる。

　自己言及的な論理矛盾は、超越論的弁証法における錯視のように、理性的な秩序の内部で論理的な可能性として発生する限界的な事象であり、理性の言語と悟性の使用によって定式化できるだろう。だが、カントは実用的な見地から、理性の限界を画定する批判的作業や、理性の限界域の外部にある狂気の分類という試みが無駄に終わるような、秩序の根本的な壊れ方に接近している。しかも、第四の狂気は同時に積極的な反理性（別の理性形態）でありうる。理性はその限界確定という消極的な指標をはずして見ると、本当はどんな無秩序（狂気）のなかを漂っており、それ自身、無秩序（狂気）とどんな関係にあるのか、そんな問いが人間学の実用性の周縁部に浮き沈みするのである。

デリダもまたフーコーの著作にフロイトの両価的《アンビバレント》な解釈を見て、理性と非理性の対立は、完全には形式化しえない、そしてメタ言語のなかには統御できない根源的な矛盾の形象をはらんでいると看て取っている。(122) またたからこそ、デリダは、理性と非理性の分割線を問題にし、原理的な意味で「理性的である」とはどういうことなのか、また「非理性的である」とはどういうことかと問うのだが、そこでカントの不穏な意識や、あるいは古典主義時代の疾病分類学が直面した困難に言及する遑《いとま》はない。デリダの議論が、理性一般、あるいはその理性の可能性の条件という超越論的な問題構成を離れてどこまで進むのか定かではないし、根源的矛盾の探索は自己言及の矛盾として形式化された地点を旋回し続けるのかもしれない。だがその前に、デリダは理性と非理性をめぐる問いを謎のまま残して議論を移動させ、フーコーにおけるフロイトの位置づけにかんしてもう一つの問題を取り上げる。

解剖＝臨床医学における有限性の意味の転回

デリダはまず『狂気の歴史』における「非理性」の系譜を準拠点にして、フロイトに対する両価的《アンビバレント》な位置づけを問題にしたが、もう一つ、『言葉と物』における人間の「死」を準拠点にして、フーコーによるフロイトの扱い方の交差配列《キアスム》的な両価性を問題化している。この二つの問題はリンクしているが、デリダにその結びつきを強く感じさせるのは『臨床医学の誕生』第一版（一九六三）の結論部にある次の文章だろう。

> 「非理性」の経験から、あらゆる心理学と、心理学の可能性そのものが生まれた。医学的思考の中に死を統合することから、個人の科学と自称する医学が生まれた。さらに一般的にいえば、現代文化における個性（l'individualité）の経験は、死の経験に結びついている。[123]〔傍点・丸括弧内引用者〕

フーコーによれば、一八世紀末、フィリップ・ピネルが狂人を古典主義時代の雑然とした監禁空間から隔離し、狂気を独自の現象として監禁－治療することからはじまる、近代的な「非理性」の経験から、あらゆる心理学、従ってフロイト的な精神分析とその実定性も生まれたという。他方、ビシャは『一般解剖学』（一八〇一）のなかで「いくつかの屍体を解剖すれば、単なる観察では晴らせなかった暗闇が、忽ちのうちに消え去るのが見えるだろう」と書いたが、[124] そこで「死」は個人の存在が消えていく暗闇ではなく、個人の生が刻印された臓器の状態をすべて明るみのもとに照らし出す契機となる。

もちろん、かつても屍体解剖は行われていたが、一八世紀の医学的なまなざしは「症例」

の分類学を通して、解剖された身体のなかに病を意味する記号《シーニュ》を読み取るだけであり、眼前にある臓器の細部や状態にかんする「個性的」な諸事実を見ていなかった[125]。だが、一九世紀の解剖＝臨床医学的な方法ははじめて病の構造のなかに、「個人」ごとの変化（病の個別的な形態）を定常的な可能性として組み入れたのである[126]。この組み入れの過程は、個人が分類学的な表象のシステムから抜け出し、その死において消失するのではなく、病理解剖学的な事実と探求の場として実在しはじめた過程と並行している。

　医学的まなざしの変化のなかで、死という事象は個人にその「有限性」（finitude）を刻印するのだが、この有限性はもはや単なる無限の否定ではない。この場合、死は個人に無限の闇の始まりを告げる単純な〈境界線〉ではなくなり、個人をその有限な生のほうに向けて折り返す〈折り目〉として機能する。有限性は無限との否定的な関係から抜け出すと、それ自身への重ね合わせのなかで自立し、その内部で個人についての知を限りなく生産していくことを保証する積極的な構造となるのである。

フーコーの振り子が有限性とその同一性にひびを入れる？

　有限性とは、医学が発見した「死」の瞬間の明るみを介して、個人の生がそれ自身のうえに折り重ねられることによって成立する構造のことであり、この構造の内部で照合され、確認され、探求される限りない事実が、個人にその「個性」（individualité）を与える。フーコーはすでにカントの人間学の読解を通じて、この有限性を、近代の人間の認識論的な構造として取り出していた。この有限性の構造は、思考の主体が神の無限の力から十分に離れて――どこかに神の見守り（代補）を必要とする表象の空間から、そのトポロジカルな外部へと抜け出し――個人の具体的な経験のうちに実存することと対応している。

思考の主体が自身の有限性のうちに実存することは、この主体が経験的＝超越論的二重体となることである。それは「人間学的な錯視」を招き入れるが、この種の錯視なしには人間の実存＝自立はなかっただろう。また「超越論的な錯視」なしには神の存在＝見守りも考えにくいだろう。だとするなら、そもそも根源的な錯視――ある意味で狂気じみた錯視――を介さない認識や理性の可能性を求めるのは、それ自体、途方もない（狂気じみた）ことになる。すなわち、有限性の分析論として標定されるものを含め、エピステーメーとは何か根源的な錯視の構造をはらむものであり、エピステーメーは自己形成の経済原理《エコノミー》としてその根源的な歪みを内在化してしまうと考えるほかはない。それゆえエピステーメーは、さまざまな非理性の経験を切除すると同時に、切除されたものを自分自身の空白としてくわえ込むだろう。

この意味でフーコーのいう歴史的なアプリオリとしてのエピステーメーは等質的で隙き間のない一つの地平をなすのではなく、むしろ種々の空白と混じり合いながら、その歴史的な事実性を維持し、変形され、消失するのだろう。だが、デリダはフーコーのエピステーメーを、またそれによって標定される一つの時代区分を、その歴史性を、依然として一つの地平であり、同一性であり、その可能性の条件を問うという、超越論的な問題構成によって検討している。それというのも、この超越論的な同一性を——それが振動し、そこにひびが入り、それが非-同一化するのを暴露するというかたちで——脱構築的な試みの場へ回収しようとしているからではないだろうか。

『言葉と物』によると、フロイト的な精神分析は「有限性の分析論」に属している。精神分析は患者から医師への感情転移という穏やかな暴力のうちで展開され、この感情転移の関係を利用して患者の抱く表象の外縁に、つまり患者の無意識のうちに、欲望や、掟や、死と結びつく形象を読み取るが、それらは有限性の具体的な形態にすぎない。この場合、フロイトはビシャの系譜に位置づけられるだろう。だがフロイトは、人間の有限性の諸形態から絶対的に離れた場所にある深刻な「精神病」に対して、そこにほとんど接近しえないにもかかわらず、接近することを企てる。彼の精神分析はこの不可能な接近として——ある意味で自分自身への抵抗として——再認され続けるのであり、この場合、フロイトはニーチェの系譜に近い位置にある。

そこでデリダは問う。フロイトはある時は「有限性の分析論」に属し、別の時はそこから「はみ出す」ように見える。だがこの振り子運動を、揺れ動く振り子自身の側から見ると、そのまわりで同一性を振動させているのは、「有限性の分析論」とそれが保証する我々の「時代の同一性」ではないのか。フロイトという、有限性の時代のエピステーメーの代表者と見なされる個人の同一性に、アンビバレントな亀裂が入っているとすれば、むしろ有限性の時代の、そしてそのエピステーメーの同一性にこそ、ひびが入っているのではないか。同一性にひびが入っているというよりも、その同一性は自らを「非‐同一化」する運動のなかに存在しているのではないか……と。[127]

有限性の時代の終焉——フーコーの振り子は移動しながら揺れる

しかしながらデリダは、人間の有限性を、フーコーがいうように、そこから目を覚ますべき「人間学的眠り」の構造において捉えているだろうか。デリダの問いは、その前提として、人間の有限性を、ハイデガーの実存論的な死の概念にもとづく、そしてその不安へと立ち返り、それに向かって覚醒すべき「根源的な有限性」に近づけて受けとめているのではないだろうか。デリダはフーコーの有限性の概念をハイデガーのそれから分離することが自分にはいつも困難だったと述べているが、[128]ハイデガーの死は、生ける実存がその本来性のために先取りする根源的な死であり、じつは有限な生の限りない深みに、つまり有限性の内部に宿っているのではないだろうか。

フーコーが「人間の消滅」をいうのは、このような有限性の構造の基盤となる思考様式の端的な消滅を想定してのことである。つまり、『言葉と物』の末尾でフーコーが「賭けてもいい」と書いたときの「人間の消滅」——波打ち際の砂に描かれた顔のように「人間は消滅するだろう」（l'homme s'effacerait）——という言葉は、[129]人間の終わりには終わりがないという有限性の構造の内側で、たえずくり返され、叫ばれる「人間の終わり」にかんする主張とは、言説としての次元が異なっている。だがデリダは、「人間の消滅」を語る末尾の言葉は有限性の分析論に属しているのではないか、というのである。[130]

しかし、『言葉と物』の末尾の言葉は一定の条件のもとで語られている。その条件とは、人間の存在と言語の存在との「両立不能性」(incompatibilité)という歴史的な公準を前提したうえで、いま何らかの出来事の共起によって、言語の存在が古典主義時代とは異なるかたちでせり出してくることである。もしそうなれば、この「両立不能性」によって、人間の経験的な諸断片は温存されても、それらの経験を重ね合わすための超越論的な準拠点としての人間の形象は拡散するというだけでは済まないだろう。この公準を外した場所が立ち現れ、拡散した人間の断片さえ、新しいエピステーメーと多形的に混じり合う空白と化すしかないだろう。つまり人間の存在は「消滅するだろう」というのである。

フーコーはニーチェに触れながら、神の死、その致命的な不在は、人間のために安定した滞在の地を設けることにならないという。[131]神の死と入れ替わり、人間がいわば昇格して主役に就くように見えるが、この人間は有限性の構造によって規定される矮小な人間でしかない。この場合、人間の有限性は皮肉なかたちで人間の終わりを指し示している。有限性(finitude)、つまり終わり(fin)の時代とは、終わりの人間、つまりニーチェのいう小さな人間、ないしは最後の人間が、同じ姿のままわずかにずれ、くり返し後退しながら、生き続ける時代となる。従ってこのままでは、つまり有限性の構造の内部では、退屈にも哀れにも人間の終わりは終わらない。この場合、人間の終焉はたえずくり返されるのでそもそも賭けの対象にもなりえない。

要するに有限性の分析論の内部では、つまり有限性の構造が壊れないかぎり、真に深刻な意味で「人間の終焉」を言うことはできない。『言葉と物』の末尾で語られた「人間の消滅」という事態は、有限性の構造に対して外在的な、歴史的な出来事が共起しない限り生じようがないのである。だからフーコーは一六世紀以来の西欧の知の歴史にかんする考古学的公準——人間の存在と言語の存在の「両立不能性」というこの書物の最も重要な、つまり最も確実で／最も謎めいた発見に思えるもの——を根拠（手札）にして、この手札さえ蒸発させる、然るべき出来事の共起を想定し、そのときは、人間の存在の消滅に「賭けてもよい」(on peut parier) と言ったのである。(132)

有限性の時代の内部にいる限り、真に深刻な「終わった」はあり得ないし、だからこそ、この活発に見える終わりのくり返しと後退の物語を宿す、深いまどろみから目覚める必要がある。この場所から位置を変え、移動しなければ、たえず人間の終わりや目的について語らなければならない。たとえば、実存の根源的な有限性とは、自身の終わり（死）との不安な関係に目覚め続けることのうちにあり、それは「人間の本来性」について語り続けることになるだろう。あるいは「国家の消滅」を叫びながら、この国家の終わりには終わりがないことから、国家消滅の過渡的形態であるはずのプロレタリアート独裁（党の支配）を自己目的として永続的に正当化しなければならない。この意味では二〇世紀という時代の根源的な問題系をなす実存の不安も、革命の預言も、それらが根源的であればあるほど、有限性の分析論の内部に位置することになるだろう。

それゆえフーコー自身の分析のうちに「振り子」現象に近いものを探すと、西欧の知にかんする考古学的な座標系のなかで発見された根本的な「両立不能性」(incompatibilité)に行き当たる。それは西欧文化のなかで人間の存在と言語の存在が同時に思考されたことはないという意味で、両者のあいだに「両立不能性」があるというテーゼである[133]。

フーコーによれば、言語の存在は古典主義時代の思考の台座になり、人間の存在は近代性の時代の思考の台座になった。だが人間の存在がその輪郭を消すとどうなるのか。ふつうの振り子では、振り子の支点は固定され、振り子は古典主義時代のほうに逆戻りするしかない。しかし、人間の存在と言語の存在の「両立不能性」を想定するとき、そして言語の存在が新しい形態化を遂げる歴史的可能性があるとすると、古典主義時代の知への回帰はありえない。フーコーの振り子は、自らその支点の位置をずらして移動しながら、つまり考古学的座標系のなかを移動しながら揺れるだろうからである。まして「両立不能性」の公準自体、一個の歴史的な事実にすぎず、それ自体の変容がありうる。実際、西欧という知の枠が溶解しはじめると、振り子はある種の錯乱を見せるかもしれないのである。

Ⅷ　二つの定点――パリの街、そして故郷に眠る

異動のなかの定点――パリ

一九七五年三月のラジオ番組で、フーコーは、インタビュアーから「あなたはいま自分が

背負っている大きな知の重荷を投げ捨て、どこか別の場所へ向かおうとしている。ゼロから再出発することに心を惹かれているように見える」と言われ、次のように答えている。

先を越される喜び、それが私よりも速く、遠くへ行くのをみて私自身が喜びを感じるという意味で、その通りですよ。非常な軽快感、開放感。小さなスーツケースを抱えて、何処かよそへ行きたいような気がするとさえ言えるかもしれません。何もしないため、でなかったらまったく別のことをするために。まったくそうですね。(134)

フーコーの二十代後半からの人生を遠望するとき、自分自身を軽くするためかどうか、確かにさまざまな地域や国への旅行、外国での長期滞在など、多種多様な移動のかたちが見えてくる。だがそんな旅や移動を含みながらも、彼には二つの定点があったことも事実である。この二つは一種の不動点である。彼の生の軌跡が、地表の上をどんなかたちで動くにせよ、必ず戻り、通過していく二つの定点が存在したのである。

第一の定点は北欧・東欧から帰還して以来、引っ越しもしながら住み続けることになったパリの中心街区にある住まいである。一九六〇年一〇月のクレルモン＝フェラン大学への赴任の頃に住んだパリのモンジュ街五九番地のアパルトマンや、六一年七月に父の遺産で購入したドクトゥール・ファンレイ街一三番地のアパルトマン、そして七一年に移ったヴォージラール街二八五番地のアパルトマンなどである。これらの住まいは多かれ少なかれセーヌ川の南側近くに位置している。フーコーが通った国立図書館や国立文書館、イエズス会のソーショワール図書館、高等師範学校、コレージュ・ド・フランスも、最後の病院となったサルペトリエール病院もセーヌ川に近い場所にある。フーコーの定住のかたちを考えると、この川の流れは彼の住む都市に時の流れの絶え間ないことを見せるだろうが、同時に、川の流れ自体はずっと変わらないかのように思えてくる。

フーコーは高等師範学校の復習教師時代に学生たちからフックス――ドイツ語で《Fuchs》（きつね）を意味する――と呼ばれていたことがあるが、彼はパリという都市の小さな一帯にいくつかの「巣穴」をつくっていたのだろう。一九七五年一月のインタビューで、パリの町で「外出する時には、何に感じやすいですか」「何を夢想しますか」と尋ねられ、彼は次のように答えている。

外出する時は、夢想しないですむ手段を見つけてあります。自転車に乗るんです。もう自転車でしか出歩いていません。パリの素晴らしい遊びですよ！　でも、そこでも、自転車に乗ってこれこれが素晴らしいと見てまわる人々がいます。九月の夜七時に霧がちょっと出ている時のロワイヤル橋、これが素晴らしい、とかいうことです。私は全然、まったくそんなことは思いません。私は混雑と遊んで、車と遊びます。相変わらず力関係、というわけです。[135]

フーコーはこのインタビューでは、ロワイヤル橋の霧の光景を「愉しむ」ある種のスタイルに距離を取っている。かつて永井荷風は、彼の東京散策記である『日和下駄』（一九一五）を、「江戸軽文学」（と戯作者気質）や、パリの印象記をジレッタント風に描いたアンドレ・アレーの影響を受けているとしたが(136)、フーコーの言葉からは、こうしたジャーナリスト風の街歩きの感覚、あるいは人々の日常生活とその変遷に対する懐古的な観察者の感覚を愉しむ気配は見えない。当然ながら、ゆったりした遊歩者《フラヌール》の散歩でもない。交通システムが醸し出す混雑やモータリゼーションの断面である自動車と遊ぶという点では、ボードレールのいう現代性《モデルニテ》の態度に近いものがあるのかもしれない。それは流行のモードと言うよりも、「現在」の現実の一つと単純に戯れることだからである。それは「現在」のアイロニカルな英雄化とかボードレール的な「ダンディ」の禁欲主義とは異なる、むしろ「実用的な見地」をみたす日常的な遊び方である(137)。

モーリス・ブランショによれば、ジャーナリズム風の、あるいは懐古的で批判的な街の観察や印象記は、しばしば、人々の「日常」を何らかの仕方で価値づける「転写された日常」(le quotidienne transcrit) になるだろう(138)。この転写の機能は、街路の日常を「新聞」の日常に移し替え、「統治者」の側が制御する日常の構成に結びつきかねない。

フーコーはニューヨークを訪れたときの観察——高級住宅街と貧民街の隣接とその対照に強い衝撃を受けたこと——を語ったことがあるが(139)、それは街に対して主体が予め観察のための距離を取っていたのではなく、むしろ街のほうが主体のなかに観察と発見のための距離をなかば暴力的に蘇らせる経験だったのだろう。だが七〇年代半ばのパリの街路で、彼はその種の距離を取ったり、発見させられたりというより、むしろ街路のなかに入り込み、それらを日常の定点にしながら街を生きていたようにみえる。

フーコーによれば、彼自身、パリの日常では憑かれたように仕事をしていて、自分には「愉しむ能力がひどく欠けている」し、「時間つぶし」はあまりしないという。だが、若い時分から彼はパリの外部へ「自動車」で移動する哲学者であり、七〇年代半ばにはパリの内部を「自転車」で移動するのを愉しんでいるという。これは母親譲りの——彼女の時代と地方では珍しくも自動車を運転していたという——感覚かもしれないが、[140]メディアによる「身体の拡張」という観点からみると興味深い現象である。図書館や古文書館も書物も、それらを装着し、身体化していくメディアの愉しみだとすれば、かつての「自動車」やあの「自転車」の愉しみと並ぶような日常だったかもしれない。日常を生きることは、平均的人間への頽落や疎外などではなく、本来性／非本来性という恣意的な差異を崩す、とはいえニヒリズムの深刻さもない、あっけない軽快さの次元に触れることだとすればである。

交通事故と日常

父親譲りの感覚という点では、人間の身体が、解剖台や手術台のうえで医者の手や外科用のメスや薬物や機械装置の類と相関する現象であるという、技術論的な視点と感受性の影響が考えられる。少年の彼が見せられた手術台での光景は、身体への侵襲であると同時に、人間の身体がメディア論的な操作の次元に存在するのを眺める経験でもある。フーコーの身体への関心は、身体の自律性、統一性、健常性を相対化する技術論的な視点と結びついている。身体はそれ自身のうちに、それ以外の何物か——手術用の装置や、医薬品、拘禁具、眼鏡、酒、麻薬、自動車、あるいは告解室や一望監視施設など——を代補する技術論と相関して成立する現実であり、彼は身体に対するこの種のメディア論的な現実感覚をまさに身体化していたように思える。

しかし、フーコーは違う角度からの経験にも関心を寄せている。一九七八年四月、フーコーは山梨県の蒼苔寺でわずかな時間だが、座禅の経験をする。それは「精神と身体のあいだに存在しうる新しい関係、そして身体と外的世界との新しい関係」を感じさせるような経験だったという。(141) このとき座禅は、外界から何の代補もない、何か「特定」しがたい身体の状態に回帰するような経験であり、また「個別性」が有るとも無いともいえない次元へ入っていく精神の経験に見えたのだろうか。彼は僧との対話で、禅の精神性にかかわる技術には「個人」の存在を和らげ、減衰させる傾向があるように思うと述べている。(142)

その三ヵ月後の同年七月、フーコーはパリの自宅前の路上で事故に遭う。彼は「自動車」に撥ねられてボンネットに叩きつけられるが、自力で路上から立ち上がって歩きだした。「おそらく一秒ほどのあいだ、私は死んでいくのだという感じを抱きました、そして、私は本当に、とても、とても激しい快楽を感じたのです」という。(143) このときフーコーは阿片を吸っていたともいうが、それは夏の夕べの七時頃、陽が沈みはじめ、空は実に美しく、青く、自分の最もよい思い出の一つだという。フーコーの身体は「自動車」の痛撃を食らったのだが、このとき彼は宙に浮き、単なる阿片の吸引とは違う限界的な感覚を体験したことになる。ただし数日間入院し、頭部打撲の後遺症で長期にわたり頭痛に悩まされるのではあるが。

この事故の経験で印象深いのは「空の青さ」に触れていることだろう。このときフーコーが味わったのは激しい快楽であり、夏の夕方の美しい「空の青さ」だという。「限界経験」(l'expérience-limite)というと、禁忌と侵犯、賭博と骰子《さいころ》、あるいは蜂起や狂気といった問題系が浮上するが、フーコーの事故の経験はそのどれでもない。事故の過程に何か禁忌の侵犯や狂気めいた昂揚があったのかもしれないが、それがこの経験にとって決定的なものとは思えない。自動車は偶然のようにやって来たのである。そうすると賭博となるが、骰子の落下は賭けをする二人の人物のあいだの思考の差異に関係する。だが彼の場合、賭けの相手は不在であり、むしろ自分自身が骰子のように宙に浮き、落下したのである。

バタイユの小説『空の青み』(一九三四)の主人公の目は、いま現に自分の頭上に耀く星々のなかにではなく、いつか見た真昼の空の青みのなかを幻視するようにたゆたう。彼はそこで目を閉じ、その耀く青みのなかに溶け込んでいく。だがそれはパリの真昼の燦燦《さんさん》たる陽光のもとにある空の青みだった。それはフーコーが味わった夕暮れの空の青さとはおよそ違う情景である。やや共通するのは、小説中の人物がアルコール漬けの暮らしをし、結果として自分の経験を理性的とも狂気とも言いがたい場所にのめり込ませていたことだろう。

ポール・ヴェーヌによれば、フーコーの場合、数ヵ月の間隔を置いた、そして統御《コントロール》されたエピソードというかたちでだが、薬物（麻薬・阿片《オピウム》・ＬＳＤ）によって、理性でも狂気でもない経験の場所へ接近するのが見られたという[144]。それは理性的な思考の主体が減衰する経験を試すことのように思えるが、交通事故は阿片の効果が効いていたときに起こったという[145]。それはどの程度まで事実なのかわからないが、ある種の自殺行為にも似て見える。だが、薬物と無縁ではないかぎり、この死への接近は、有限性の内部に位置する主体の個性的な死とは異なる、また有限性の外縁に収容される狂人の死とも異なる、そこで彼の何が死ぬのか不確定な死への接近のようにみえる。

理性の減衰によって生じる空白を埋めるものが、狂気の形象として単純に分離できないものだとすれば、それは何でありうるのか。理性と狂気という二者択一的な軸とその零点という奇妙な窪みをもつ、哲学的言説には親しみ深い地平のうちに、何とも確定しがたい空白が広がるとすれば、それは何でありうるのか。こんな問いが浮かぶと同時に、この問いに対する禁忌の重みが途方もないことも思い浮かぶのである。

フーコーの事故は、彼を撥ねた自動車のドライバーとは交わらない、骰子の落下そのもののような経験である。落下の後、意識がない時間がどれほど続いたかは確定しがたいが、彼は起き上がり、歩きだし、警察が来た。他方、バタイユの小説の人物はフーコーとは逆の立場から、それと似た死の可能性の傍らを慌ててすり抜ける。バルセロナの街で苛立ちながら車を運転し、カタロニア広場に差し掛かった瞬間だが——「私はあまりスピードを出し過ぎていた。多分酔っていたのだろうが男がひとり、突然、車の前に出て来たのだ。私は凄まじい勢いで急ブレーキをかけ、轢かないですんだが、神経ががたがたになってしまっていた。大粒の汗がしたたっていた」という[146]。

J・G・バラードの小説『クラッシュ』では[147]、死は自動車の内部に、自動車のテクノロジーが生みだす質感と加速度の内部にある。そこで自動車は主体が崇拝するフェティシュ（物神）というよりも、主体を死に導くメディア（薬物）のように機能している。死への接近は、自動車を統御すると同時に、強迫的で狂気じみた主体の企てを通して遂行される。この事故の快楽は、個人の有限性を前提にした死への接近とそれに絡む性の終わりなきゲームの次元というより、むしろある個人のなかで狂気じみた主体と理性的な主体が癒合する経験にあるのではないだろうか。たしかに性行動と自動車が癒合をくり返すのだが、実はそれ以上に、主体は狂気と理性が癒合する地帯を――カントのいう第四の精神異常のように――生きているからである。この場合、有限性の死に絡まる興奮の次元から「場所を移した」ところで快楽の経済が成り立っているようにみえる。

日常生活に隣接する、あっけなくも激烈な事故は、人間の肉体と金属製の部品類が衝突という次元にのめり込み、粉砕され、癒合する生々しいフォルムのなかにある。それは理性と狂気が重ね合わさり、癒合した姿でもある。登場人物の事故死は空港へ通じる高架橋で起こるが、語り手が現場へ駆けつける際に彼自身も事故に遭い、そのとき歩きながら見た「見渡す限り広がるすばらしい夕焼け」[148]は、フーコーが日常の死の近傍で見た「夏の夕暮れの空の青さ」とは異質だが、いずれもある限度のなさのなかへひらかれていて、どこかで通底しているといえなくもない。

もう一つの定点——ヴァンドゥーヴル＝デュ＝ポワトゥーに眠る

もう一つの定点は、彼の故郷、ポワチエとその郊外にあるヴァンドゥーヴル＝デュ＝ポワトゥーの屋敷である。一九五九年に父が亡くなると、母のアンヌはポワチエの家を処分し、ヴァンドゥーヴルの屋敷——ル・ピロワールに引っ越すことになる。フーコーは父の死後、母のいるヴァンドゥーヴルの屋敷へ帰省するようになる。そこは彼に精神的な安らぎを与えると同時に、読書や執筆や校正に専念する場所ともなった。

学生時代から、夏休みに帰省すると、彼はヴァンドゥーヴルの屋敷に向かう。たとえば一九六三年八月五日のダニエル・ドゥフェールに宛てた手紙には次の一節がある。

> 僕はヴァンドゥーヴルに到着した。りんごの収穫のように丸めた書き損じの紙を籠に集め、樹木を刈りつめるように原稿を揃え、子供の細心さをもって一行ずつ何冊も本を読む、そんな時を過ごしている〔……〕。毎年の夏の知恵さ。(149)

このとき彼は、カントの『実用的見地における人間学』の翻訳とそれへの序文や、バタイユの追悼論文について校正刷りのやり直しを行い、また彼の考える「考古学」とカントの批判哲学との関係についてノートを書いていた。『人間学』の翻訳は一九六四年末に刊行されるが、このときの序文は、博士論文の一部として提出した長い序文のうち、冒頭の書誌的部分だけを刈りつめたものとなっている。(150)

ヴァンドゥーヴルの家で、彼はさまざまな読書や著述を行い、たとえば一九七四年には「身体刑についての書物」を書き終え、一九七六年には『知への意志』の執筆を終えている。彼は亡くなる二ヵ月前にヴァンドゥーヴルに赴き、そこで生前最後の書物となった『自己への配慮』（一九八四）の校正をしていたという。

だが一九八四年六月三日にフーコーは自宅で状態が悪くなり、パリ市一五区にある病院に運ばれ、そこに数日留まったのち、六月九日にサルペトリエール病院に入院することを認められた。(151) ポール・ヴェーヌは、ダニエル・ドゥフェールの証言によるとして、フーコーは自分の手帳に「わたしは自分がエイズに罹っていることを知っている。しかし、ヒステリーがあると、わたしはそのことを忘れている」と書き留めていたという。(152) ヴェーヌは、フーコーがこの致命的と思われた病を自覚的に生きる期間――その意味では「最後のフーコー」の時期――を八ヵ月間としているが、(153) もしそうとすると、この手帳の記載時期は一九八三年一一月頃となるだろう。

フーコーは一九八四年六月二五日にサルペトリエール病院で息を引き取る。そして六月二九日午後、彼の棺はパリから故郷のヴァンドゥーヴルに運ばれ、彼が何度も通った懐かしい屋敷の近くにある墓地に埋葬された。埋葬のとき、晩年によく通ったパリのソーショワール図書館のミシェル・アルバリックが喪の儀礼を行ったあと、ルネ・シャールの詩「クルーズ

の薄明」の数行が死せるフーコーのために読まれたという。(154)

狐の番《つが》いが雪を掻きまわしていた、
婚礼の場所への入口を踏みつけながら。
夕暮れには過酷な愛が彼らの周りに明かす
血のかけらに残る焼けるような渇きを。(155)

この詩の日付は一九八四年六月二一日で、フーコーの死の四日前だという。ここには雄と雌の「狐」の番《つが》いが戯れている。ポール・ヴェーヌによると、この詩はフーコーの死に打ちひしがれているヴェーヌのために、シャールがヴェーヌ夫人に渡したものだという。フーコーは高等師範学校で教えていたとき、学生たちからドイツ語で「狐」を意味するフックスというあだ名で呼ばれていたことがあるが、フーコーという名前はこの詩に出てくる「狐」(renard) の派生語だという。(156) シャール自身はフーコーが禿頭であり、ギリシャ語で脱毛症は「狐の病」というのだから、と説明したという。

ここで婚礼の場所とは狐の巣穴のことだろう。それは「血のかけらに残る焼けるような渇き」が宿る場所である。だが詩人のシャールにとって、巣穴は交尾の場所というよりも、彼の「孤独な情熱 (passion solitaire) を生きる」場所である。(157) そしてこの意味でなら、哲学者にも事態は似ているのかもしれない。詩人の場合、「狐」の番いは詩人と美神の関係になる。哲学者の場合は、哲学者と真理との関係、つまり巣穴は哲学者が真実の言説への孤独な情熱を生きる場所となるだろうか。だが、シャールはフーコーを想定してこの詩を書いたわけではない。しかも、美的なものと真実の言説とは異なっている。美が真実の言説との関係を生きようとする孤独な自己の様式とどう交叉するのか分からないし、血のかけらを残す激しい渇望も倫理的な系譜をなすものかどうかは分からない。

IX　歴史の顔立ちを知る——哲学者の務め

詩人の仕事、哲学者の仕事

フーコーは処女作ともいえる「『夢と実存』の序文」冒頭のエピグラフや本文にもルネ・シャールの言葉をいくつか引用している。死の間際の病床で受け取った『快楽の活用』、『自己への配慮』という二冊の裏表紙にも、またフレデリック・グロ編の『性の歴史』第四巻に当たる『肉の告白』（二〇一八）の裏表紙にも、シャールの「もろい年齢」（散文集『基底と頂上の探究』所収）から引用された、アフォリズムの形式——ブランショによれば、それはアフォリズムというより、口実も文脈もないテクストであり、途方もない（法外）な正義の力を担う並置と中断のうちにある[158]——をもつ、同じ次の文章が載せられている。

人間の歴史は同じ一つの語彙《ヴォカブル》の同義語の継起からなる。それに異を唱えるのは一つの義務である[159]。

ヴェーヌによれば、フーコーはこの短いアフォリズムについて、作者であるシャール自身とは違うことを考えていたという。

不幸にして、詩人と哲学者はそれ（右に引用したアフォリズム）にほとんど反対の意味をあたえていた。シャールはそれによって、もしポエジーがなかったなら、人間の冒険はたとえわずかばかり形が変わるとしても、結局その失敗の繰り返しに帰してしまうだろうと理解していた。フーコーは、私たちは歴史において幻想から差異を繰り返しだと受け取るのだ、というふうに理解していたのだった[160]。〔傍点・括弧内引用者〕

シャール自身はこのアフォリズムで、もし詩《ポエジー》がなかったなら、人間の歴史を変えようとする冒険はどれもわずかばかり形が違うだけで、じつは失敗のくり返しに帰してしまうだろうという。詩《ポエジー》が放つ光は人間の冒険に思いがけない深さや新たな可能性があることを照らし出し、この光芒を通して人間の歴史に別の相貌《ヴィザージュ》が甦る可能性があるのではないか。だから歴史の同義反復に見えるものを仮象とすること——それが詩人の務めとなる。

フーコーの場合、歴史は同義反復に見えない。そう見えるとすれば一種のファンタスマゴリーによる錯覚である。人々が歴史をみたす出来事の群れのなかに走る差異を見過ごし、そこに反復しか見ないとしても、哲学者は考古学的事実の分析を通してそれらの差異を取り出すのである。だがそのとき、歴史的事実のうちに刻まれる差異自体はどこに属しているのか。もちろん、それは歴史を読む主体の創作でもない。歴史のなかに差異が湧出するのは、歴史が歴史ならざるものに差し込まれ、開かれているからであり、哲学者の、それゆえ詩《ポエジー》ならぬ「作品《ウーヴル》」はこの非在への開けに立ち会うことを務めとするのだろう。

『言葉と物』の思い出から

フーコーは若い時代からルネ・シャールの詩を愛し、『夢と実存』の序文の末尾では、シャールの「断固たる分割」(Partage formel) のLV節から次の部分を引用している。

おそらく、仮構の事実を歴史的事実へと変えていくのは、悪の貪欲にして骨髄をなす相貌を承知しながら、その悪と徹底的に闘っている、そんな人間にこそふさわしい。我々のこの確信には不安もあるが、この人間を誹謗してはならず、むしろ彼にこそ尋ねてみなければならない。我々はといえば、我々の空想でできた継続性をもつ人格なるもののなかで、諸々の実存を熱心に殺害してきたのだから。……[161]

ここで悪の貪欲さと対峙する人間は、シャールのいう意味で想像力とその自由を行使する「詩人」のことであり、「仮構の事実」(le fait fabuleux) とは恣意的な創作ではなく、詩的真実をその核心に含むもののようにみえる。

『夢と実存』の序文の時代の、フーコーの問題意識から考えると、人間の自由は実存的な形象であり、自由の可能性の核心には想像力の次元がある。ここで「仮構の事実」とは人間の自由と想像力を通して見いだされ、またその自由の力によって「歴史的事実」へと変えられていく可能性をもつ何事かである。歴史をみたす悪の貪欲さと対峙するには、「仮構の事実」を考え抜き、未知の地図を描きだし、既成の「歴史的事実」の同一性に闘いを挑む、思考の自由をこそ自分の力としなければならない。

だが、「仮構の事実」は必ずしも詩《ポエジー》の形式を取らなくともいいのではないか。スウェーデンの長い夜のなかで、ワルシャワの太陽の下で、カントの資料を保管するロストックの図書館から百五十キロ以上離れたハンブルクで——つまり若いフーコーの思索のなかで、対峙すべき「悪」のうちに「人間学的錯覚」ないし「人間学的な眠り」がじつはその髄質のように含まれていることが見えてくるのではないか。それは『狂気の歴史』の最終章となる部分を書くなかで、そしてカントの人間学の構想について書くなかでいよいよ明瞭になってくる。

それゆえシャールのいう「仮構の事実」という性格は、人間学的な錯覚や眠りを告発する『言葉と物』という作品《ウーヴル》にも当てはまるだろう。フーコーは『狂気の歴史』や『監獄の誕生』など、彼の歴史を扱った書物を、小説や創作ではないが、何らかの経験を可能にする仮説であり、制作（fabrication）だと言ったことがある。[162] それらの作品は歴史的な事実を素材にしているが、仮説と事実のたわむれを通して、歴史のために語られるべき何か別の経験を可能にするからである。だがこの別の経験、つまり歴史の別の顔立ちを提示したために、『言葉と物』――他の書物とは彼の情念のはたらき方が違うという意味で、彼はそれをマージナルな書物だというが――の場合、マルクス主義やヒューマニズムの側から、シャールが案じた詩人のように、フーコーもまた誹謗を受けたのである。

『言葉と物』を含め、ある作品がフーコーのいう意味でのフィクションであるためには、歴史的事実をこれまでとは別のかたちで可視化する力を持たなければならない。また歴史的事実を別様に可視化できる新たな実定性の水準を発見し、有効に分節するには、人間の想像力と自由を餌食とする、怪物じみた歴史との闘いに十分耐えうるような問題化の枠組みが必要である。重要なのは、歴史的素材を用いてある種の「仮構的事実」をつくりあげ、それを光学的な媒体として歴史的事実に新しい可視性を与えることである。そこで練り上げられた「仮構的事実」は、フーコーの詩的想像力を賦活し、文体に捻れや余剰を与えるかもしれないが、ある一つの歴史とそれに交錯する別の歴史とのあいだに仕組まれた、騙し絵にも似た奥行きを浮かび上がらせるだろう。

Salvate animam meam.

歴史との交わりは、罠と交わることであり、危険で孤独でありながら、愉しみでもあり、じつは自分の「同類たち」(semblables) との連なりにどこかでひらかれている。シャールの場合、人が同類であるという感覚が成立するのは、誰もが悪をなす可能性のある、集団の歴史を生きていることを知悉しているからだろう。人は自分の自由を生きようとするとき、この感覚――安全な保証のない感覚――にまったく無縁ではいられない。同類であるとは、友愛や敵対という密接な関係だけでは理解しがたい経験である。それは集団の歴史のなかで何か自由であろうとするために、誰かと似ているがゆえにかくも隔たり、離れていくなかでどこか似ているという、偶然の、微苦笑に似た経験のように思えるからである。

　フーコーが自分の「同類たち」とすれ違い、分有したものは、国家や、組織や、血縁や、あるいは文化的な同一性と他者性にもとづく概念では限定しがたい経験だったように思える。最後の時期においても、彼はインタビューの依頼に応じるなど[163]、自由の行使によって重なるかもしれない、また偶然によって交錯しあってしまう、多形的な「同類」(semblables)――それは運命的で生来的な意味を帯びる「同胞」(congénères)ではない――の一人として生き、また死んでいったように思える。

　一九八四年二月二二日の講義の時間が終わったとき、フーコーはラテン語で「私の魂を救いたまえ」(Salvate animam meam.)という言葉を洩らしたが[164]、このときフーコーはソクラテスとその死について語り終えたので、それゆえ自分は「哲学の教師」としての務めを果たしたとして、こう言ったのである。このラテン語の言葉は、旧約聖書の『エゼキエル書』第三章、あるいはマルクスの「ドイツ労働者党綱領評注」の末尾にある言葉を踏まえたものとすれば、なかば「冗説法」(paralepse)的な言葉とも受け取れる。あるいは、語り手が講義＝物語内容を淡々と語っていたなかで、ふいに転調が起こり、語り手自身の内面が現れたかのようで、聴き手に「転説法」(métalepse) 的な目眩をもたらす言葉にも感じられる。

他方、語りのテマティクな内容としては、この言葉は絶対的な「救い主」(salvator) に向かってではないように思える。預言者エゼキエルが畏怖するヤハウェのような絶対的な神も、預言者マルクスのプロレタリアート独裁という有限性の神も、あるいはギリシアの複数の神々も、フーコーが信じているとは思えないからである。それゆえこの言葉（命令法・二人称・複数形）の宛て先は、そのとき講義の場に居合わせた聴講者――どんな広がりかは不確定な「あなたがた／みなさん」――という自由で偶然の同類たちに向かってだったように思える。

《Salvate animam meam.》という言葉を洩らす必然性を考えるとき、彼の病が今後どんな形で彼の有限性を刻むのかとは別に、思考の実践をなお自由な状態で続行したいのだという意志が「黙説法」(paralipse) のかたちでこの言葉に伴っているのではないだろうか。一九八四年の三月、タルニエ病院の医師に対して、フーコーは診断について何も尋ねることはなく、唯一の質問は「時間はあとどれだけ残されているのか？」だけだったという。[165] それは彼の意志が簡潔なことを示している。それは時間、生ける時間への単純なこだわりである。

ここでは「魂」(anima) という両義性をはらんだ言葉が使われているが、それは身体に重なりながら身体に対置される精神でもなければ、倫理的な救済の物語に帰属する不滅の霊魂でもなく、むしろ彼の「息」が証しする生命《プシュケー》であり、[166] さらにいえば有限性の概念では掬い取れない生命の時間だったように思える。このとき彼の言葉が向かう「あなたがた」は彼のこの生命の時間の同胞であり、同類たちであり、それらの人々との関係のなかに、なお私の生命の時間を、病のうちに深く沈んでいくだろう時間を、あの有限性の死の観念を離れていま少し自由にしておきたい……との思いを読み取るのは行きすぎだろうか。

ある哲学者の務め

フーコーはかつて、何かを考え、作品を書くとしても、それは自分の不死の痕跡を残すどころか、いまの自分の安住すべき同一性を確保するためでもなく、むしろ彼の同類たちのように「もはや顔を持たないために」書くのだと語っていた[167]。また、彼の仕事はすでに碁盤割のなされた大地に定住するためになされるのではないことも。

そこで『純粋理性批判』第一版の序文をみると、カントは自分の仕事を説明するなかで、かつて万学の女王とされた形而上学が没落した現状を、つまり彼がそのとき立っている危険な状況を次のように喩えていた。

初めは、形而上学の支配は独断論者たちの管轄のもとにあって、専制的であった。しかしながら、その立法はまだ古代の野蛮さの痕跡をそれ自体において帯びていたので、その支配は内戦によって次第に完全な無政府状態に退化した。また大地の不断の開墾一切をいやがる一種の遊牧民たる懐疑論者たちはときおり市民的同盟を解体した。しかし、幸いにも彼らの数はほんのわずかにすぎなかったので、独断論者たちが、決して異口同音の計画に従ってではないにしても、形而上学をつねに新たに再構築しようとするのを、彼らはさまたげることはできなかった。[168]

カントによれば、独断論（土地を耕す定住民）と懐疑論者（遊牧民）との内戦によって、理性の大地は不安な場所になっている。彼の仕事はこの大地への定住を確かなものにするために、その保証（担保）として、理性の使用に制限を課すことにあった。そこで大地には柵が設けられた。しかしながら、越境の精神がなくなったわけではない。むしろ理性の使用を限定した柵の内部で、越境行為の疑似的な反復の可能性が限りなく開かれるからである。批判による理性の〈超越論的な錯視〉は回避されたかもしれない。だが、有限性という柵の内部で、人間は自分の存在を経験的－超越論的な二重体として特権化し、その幻覚的な二重構造が生みだす終わりなき深淵の内部で〈人間学的な錯視〉を反復し続けるからである。『知の考古学』のフーコーは、作者や作品にかんする〈人間学的な錯視〉を解体するような「言説」（discours）の概念を構想するが、カントの右の叙述を意識したかのように、この構想は危難を引き受けることだという。

危難とは、すなわち、………なじみ深い諸々の風景の外へ、当たり前にしていた諸々の保証から離れ、まだ開拓も整備もなされていない大地のうえを、容易には予想できない結末へ向かって、前進しなければならないかもしれないことにある。[169]

フーコーはいう。これまで歴史家に保護を与え、夕暮れまで彼に付き添っていたものはみな消え去るだろう。だがその消失のあとに、内面性もその不死の約束もない、むしろそれらには無関心な、その意味では空白のままの空間が、新たな分析のためにひらかれるだろう。作者＝主体の観念にもとづく作品の空間ではなく、そのような主体の意志に対しては中立的な言説の空間が、分析のために差し出されるだろうと。この空間は近代の人間学によって柵が設けられ、定住のための碁盤割がなされた大地ではない。この空白に似た大地――言説の領野――に立って進むことが、このとき、彼の務めに思えたのだろう。

だが時は流れた。フーコーを埋葬するに際し、フーコーと縁のあったドミニコ派の修道士がルネ・シャールの短い詩を読み上げた。遺骸はパリから運ばれて、彼の夏休みの思い出だったという、あの懐かしい屋敷近くの、そして母方の一族が眠る小さな墓地の一画に埋められた。[170]彼はどこかへ去った。彼の墓には灰色がかった長方形の墓石が棺の上蓋のように横たわっていて、その表面には「ポール・ミシェル・フーコー／コレージュ・ド・フランス教授／一九二六―一九八四」（PAUL MICHEL FOUCAULT　PROFESSEUR AU COLLÈGE DE FRANCE　1926－1984）と三段に分けて記された箇所がある。その後方には彼よりも一世紀前の時代の人の名が刻まれていたが、その三年後には、彼の母アンヌ・マラペール・フーコーの名がそのまた後方に刻まれることになる。

注

（1）C. Arnéodo-Frangville, La population de Poitiers, des origines à 1954, *Norois*, 27, 1960. David Macey, *The Lives of Michel Foucault*, London: Verso, 1993; 2019, p. 3.

（2）次の二段落も含め、一九八九年のポワチエ訪問の経験による。

（3）*Histoire de L'Église Saint Hilaire: Documents écrits et dessinés*, Poitiers: L'Église Saint Hilaire, 1986, p. 3.

（4）Chronologie (1926-1967), Frédéric Gros et al. (dir), *Michel Foucault: Œuvres* 1, Pléiade, Paris: Gallimard, 2015, p. xxxv.

（5）D. Macey, *Op. cit.*, p. 4.

（6）Didier Eribon, *Michel Foucault*, Paris: Flammarion, 1989, p. 21.

（7）D. Macey, *Op. cit.*, pp. 2-3.

（8）D. Eribon, *Op. cit.*, p. 20.『ミシェル・フーコー伝』新潮社、一九九一年、田村俶訳、二一頁。

（9）Geneviève Rodis-Lewis, *Descartes*, Paris: Calmann-Lévy, 1995, p. 38, p. 41.『デカルト伝』未來社、一九九八年、飯塚勝久訳、五〇頁、五三頁。

（10）Synopsis: Sex sequentium meditationum, *Meditationes de Prima Philosophia*, in *Œuvres de Descartes, publiées par Charles Adam & Paul Tannery*, VII, Paris: Vrin, 1996, p.13.「以下の六つの省察の概要」、所雄章『デカルト『省察』訳解』岩波書店、二〇〇四年、五一三頁。『省察』筑摩書房、二〇〇六年、山田弘明訳、二七頁。

（11）Paul Veyne, *René Char en ses poèmes*, Paris: Gallimard, 1990, p. 468.『詩におけるルネ・シャール』法政大学出版局、一九九九年、西永良成訳、六六一頁。

（12）Michel Foucault, *Le pouvoir psychiatrique: Cours au Collège de France, 1973-1974*, Seuil/

Gallimard, 2003, p. 22.

(13) André Gide, *La séquestrée de Poitiers*, Paris: Gallimard, 1930; 2018.

(14) James Miller, *The passion of Michel Foucault*, 1993; New York: Doubleday, 1994, p. 367.

(15) Didier Eribon, *Michel Foucault et ses contemporains*, Paris: Fayard, 1994, pp. 28-30.

(16) Radioscopie de Michel Foucault, Daniel Defert et al. (eds), *Dits et écrits*, 2, Paris: Gallimard, 1994, p. 790.「ラジオスコピー」(一九七五・三・一〇放送)、『ミシェル・フーコー思考集成Ⅴ』筑摩書房、二〇〇〇年、石田久仁子訳、四二六頁。

(17) Geneviève Rodis-Lewis, *Op. cit.*, p. 41. 前掲書、五三頁。

(18) André Gide, *Op. cit.*, p. 54.

(19) *Ibid.*, p. 93.

(20) Michel Foucault, *L'herméneutique du sujet: Cours au Collège de France, 1981-1982*, Seuil/ Gallimard, 2001, pp. 15-16, pp. 19-20, pp. 28-30, p. 183, p. 184.『ミシェル・フーコー講義集成Ⅺ』筑摩書房、二〇〇四年、廣瀬浩司・原和之訳、一八〜一九、二一〜二三、三三〜三六、二二三〜二二四、二二五頁。*Le gouvernement de soi et des autres: Cours au Collège de France, 1982-1983*, Seuil/ Gallimard, 2008, p. 14, p. 322.『ミシェル・フーコー講義集成Ⅻ』筑摩書房、二〇一〇年、阿部崇訳、一五〜一六、四三〇〜四三一頁。*Le courage de la vérité: Cours au Collège de France, 1983-1984*, Seuil/Gallimard, 2009, pp. 116-117.『ミシェル・フーコー講義集成ⅩⅢ』筑摩書房、二〇一二年、慎改康之訳、一五七〜一五八頁。

(21) Georges Canguilhem, Mort de l'homme ou épuisement de Cogito, *Critique*, 242, 1967. Xavier Roth, *Georges Canguilhem et l'unité de l'expérience: Juger et agir (1926-1939)*, Paris: Vrin, 2013, p.140.『カンギレムと経験の統一性』法政大学出版局、二〇一七年、田中祐理子訳、二一六〜二一七頁。

（22） Michel Foucault, *Les mots et les choses*, Paris: Gallimard, 1966, p. 330.

（23） D. Defert, Fr. Ewald et F. Gros (eds), *Kant, Anthropologie du point de vue pragmatique & Foucault, Introduction à l'Anthropologie*, Paris: Vrin, 2008; 2017, p. 77.

（24） Michel Foucault, *Du gouvernement des vivants: Cours au Collège de France, 1979-1980*, Seuil/Gallimard, 2012, pp.13-14.

（25） Michel Foucault, *Leçons sur la volonté de savoir: Cours au Collège de France, 1970-1971, suivi de Le savoir d'Œdipe*, Seuil/Gallimard, 2011, p. 245.

（26） Michel Foucault, La vérité et les formes juridiques, 1973/1974, *Dits et écrits*, 2, pp. 554-555.

（27） Une interview de Michel Foucault par Stephen Riggins, 1983, Daniel Defert et al. (eds), *Dits et écrits*, 4, Paris: Gallimard, 1994, p. 528.

（28） *Ibid.*, p. 528.（「スティーヴン・リギンズによるミシェル・フーコーへのインタビュー」、『ミシェル・フーコー思考集成IX』筑摩書房、二〇〇一年、佐藤嘉幸訳、四二九頁を参照）

（29） *Ibid.*, p. 529.（同書、四三〇頁を参照）

（30） René Char, Partage formel, LV, *Œuvres complètes*, Paris: Gallimard, 1995, p. 169.

（31） Paul Veyne, *Le quotidien et l'interéssant: Entretiens avec Catherine Darbo-Peschanski*, Paris: Les Belles Lettres, 1995. ポール・ヴェーヌ『歴史と日常』法政大学出版局、二〇〇二年、鎌田博夫訳、一五二頁。

（32） Une interview de Michel Foucault par Stephen Riggins, *Dits et écrits*, 4, p. 529.

（33） D. Macey, *Op. cit.*, p. 3.

（34） Benoît Peeters, *Derrida*, Paris: Flammarion, 2010, p. 23.『デリダ伝』白水社、二〇一四年、原宏之・大森晋輔訳、二三頁。

(35) *Ibid,* p. 161. 同書、一六七頁。 Jacques Derrida, *Points de suspension*, Paris: Galilée,1992, p.354.
(36) *Ibid.*, p. 161.
(37) Chronologie, Daniel Defert et al. (eds), *Dits et écrits*, 1, Paris: Gallimard, 1994, p. 26.
(38) Michel Foucault, *L'archéologie du savoir*, Paris: Gallimard, 1969, P. 274.『知の考古学』河出書房新社、二〇一二年：二〇一八年、慎改康之訳、三九四頁。
(39) *Ibid.*, p. 274.
(40) *Ibid.*, p. 275.
(41) D. Eribon, *Michel Foucault*, *Op. cit.*, p. 26.『ミシェル・フーコー伝』二八頁。
(42) *Ibid.*, p. 33. Chronologie, *Op.cit.*, p. 15.
(43) Maurice Pinguet, Les années d'apprentissage, *le débat*, 41, septembre-novembre, 1986, p. 124.
(44) Yann Moulier-Boutang, *Louis Althusser: Une biographie*, 1, Paris: Grasset & Fasquelle, 1992, p. 460.
(45) M. Pinguet, *Op.cit.*, p. 124.
(46) Y. Moulier-Boutang, *Op. cit.*, p. 481.
(47) M. Pinguet, *Op. cit.*, p. 123.
(48) Chronologie, *Op. cit.*, p. 16.
(49) Y. Moulier-Boutang, *Op. cit.*, pp. 480-481.
(50) D. Eribon, *Op. cit.*, p. 43.
(51) Chronologie, *Op. cit.*, p. 18.『ミシェル・フーコー思考集成Ⅰ』九頁。
(52) D. Eribon, *Op. cit.*, p. 90.『ミシェル・フーコー伝』一一二頁。
(53) Une interview de Michel Foucault par Stephen Riggins, *Dits et écrits,* 4, p. 527.

（54）Faire les fous, 1975, *Dits et écrits*, 2, p. 804. Sur *Histoire de Paul*, 1976, Daniel Defert et al. (eds), *Dits et écrits*, 3, Paris: Gallimard, 1994, p. 61.
（55）Entretien avec Michel Foucault, 1980, *Dits et écrits*, 4, p. 58.（『ミシェル・フーコー思考集成Ⅷ』筑摩書房、二〇〇一年、増田一夫訳、二一六頁を参照）
（56）Introduction, in Ludwig Binswanger, J. Verdeaux (tr), *Le Rêve et l'Existence*, Paris: Desclée de Brouwer, 1954, *Dits et écrits*, 1, p. 68.「ビンスワンガー『夢と実存』への序論」一九五四年、『ミシェル・フーコー思考集成Ⅰ』、石田英敬訳、八一頁。（『夢と実存』みすず書房、一九九二年、荻野恒一・中村昇・小須田健訳、八頁。）
（57）*Ibid.*, p. 68. 同書、八二頁。
（58）*Ibid.*, p. 98. 同書、一二〇～一二一頁。
（59）*Ibid.*, p. 66. 同書、七九頁。
（60）*Ibid.*, p. 73. 同書、八八頁。
（61）*Les mots et les choses*, Paris: Gallimard, 1966, p.387.『言葉と物』新潮社、一九七四年：一九八八年、渡辺一民・佐々木明訳、三九七～三九八頁。
（62）*Ibid.*, p. 387. 同書、三九七頁。
（63）Michel Foucault, *Maladie mentale et personnalité*, Paris: PUF, 1954.『精神疾患とパーソナリティ』筑摩書房、一九九七年、中山元訳、二〇四～二〇五頁（本書には一九五四年版の邦訳に加えて、一九六二年改訂版の『精神疾患と心理学』での変更部分が「補注」のかたちで訳出されている）。
（64）同書、二〇七頁。
（65）同書、二〇五頁。
（66）同書、一四七～一四八頁。

（67）同書、二〇七頁。

（68）同書、一九八頁。*Cf. Maladie mentale et psychologie*, 1962; 1995, p.101.

（69）Jean-Paul Sartre, *Critique de la raison dialectique*, Paris: Gallimard, 1960; 1972, p. 24.

（70）*Ibid.*, p. 109.

（71）Olga Bernal, *Langage et fiction dans le roman de Becket*, Paris: Gallimard, 1969, pp. 80-81.（『ベケットの小説』紀伊國屋書店、一九七二年、安堂信也訳、七七〜七八頁）

（72）Structuralisme et poststructuralisme, 1983, *Dits et écrits*, 4, p. 436.

（73）神谷美恵子「訳者あとがき」、『精神疾患と心理学』みすず書房、一九七〇年：一九七五年、一七〇頁。

（74）Chronclogie, *Dits et écrits*, 1, p. 20.

（75）*Ibid.*, p. 20.

（76）D. Eribon, *Op. cit.*, p. 89.

（77）Michel Foucault, Préface, in *Folie et Déraison: Histoire de la folie à l'âge classique*, Paris: Plon,1961, *Dits et écrits*, 1, p. 167. 前掲書、二〇三〜二〇四頁。

（78）D. Eribon, *Michel Foucault, Op. cit.*, pp. 96-97. 前掲書、一二〇頁。

（79）Immanuel Kant, *Anthropologie in pragmatischer Hinsicht*, 1798; Wilhelm Weischedel (ed), *Immanuel Kant Werkausgabe*, 12, Frankfurt am Main: Suhrkamp, 1964; 1982, S. 508.『カント全集15：人間学』岩波書店、二〇〇三年、渋谷治美訳（底本：O・キュルペ編アカデミー版）、一二八頁。

（80）Jacques Derrida, *Cogito et histoire de la folie*: Une conférence prononcée le 4 mars 1963 au Collège philosophique et publiée dans *Revue de métaphysique et de morale*, 3 et 4, 1964.

（81）Jacques Derrida, Cogito et histoire de la folie, in *L'écriture et la différence*, Paris: Seuil, 1967,

p. 88.

(82) *Histoire de la folie à l'âge classique*, 1961; Paris: Gallimard, 1972, p. 363.

(83) *Ibid.*, p. 58.

(84) *Ibid.*, p. 22.

(85) *Ibid.*, p. 53.

(86) Jacques Derrida, *Op. cit.*, p. 86.

(87) *Ibid.*, p. 86.

(88) *Ibid.*, p. 90.

(89) Note 1, in *Ibid.*, p. 90.

(90) B. Peeters, *Op.cit.*, p. 164. 前掲書、一七〇～一七一頁。

(91) Chronologie, *Dits et écrits*, 1, p. 24. 『ミシェル・フーコー思考集成I』一八頁。

(92) E. Kant, *Anthropologie d'un point de vue pragmatique, précédé de Michel Foucault, Introduction à l'Anthropologie*, Paris: Vrin, 2017, p. 68. 『カントの人間学』新潮社、二〇一〇年、王寺賢太訳、一三八頁。

(93) B. Peeters, *Op. cit.*, p. 167.

(94) Gilles Deleuze et Félix Guattari, *L'anti-Œdipe: Capitalisme et schizophrénie*, Paris: Minuit, 1972.

(95) Mon corps, ce papier, ce feu, 1972, *Dits et écrits*, 2, p. 267. 『狂気の歴史』新潮社、一九七五年、田村俶訳、六一〇～六一一頁。

(96) *Ibid.*, p. 267.

(97) H・C・ビンスヴァンガー『金と魔術――「ファウスト」と近代経済』法政大学出版局、一九九二年、清水健次訳、一〇頁、七五～七七頁。

(98) *L'herméneutique du sujet*, *Op. cit.*, p. 15, p. 19.
(99) *Ibid.*, pp. 27-29, pp. 182-184.
(100) Jean-Marie Beyssade, «Mais quoi ce sont des fous»: Sur un passage controversé de la *Première Méditation*, *Revue de métaphysique et de morale*, 3, 1973. Christopher Penfield (tr), 'But such People Are Insane': On a Disputed Passage from the First Meditation, Yubraj Aryal et al. (eds), *Between Foucault and Derrida*, Edinburgh University Press, 2016, pp. 82-100.
(101) Michel Foucault, Christopher Penfield (tr), A Return to Descartes' First Meditation, *Ibid.*, pp. 102-103.
(102) 小林道夫『デカルト哲学の体系』勁草書房、一九九五年、一八二〜一八三頁。
(103) À propos de la généalogie de l'éthique: Un aperçu du travail en cours, 1983, *Dits et écrits*, 4, pp. 410-411.「倫理の系譜学について —— 進行中の仕事の概要」、『ミシェル・フーコー思考集成IX』筑摩書房、二〇〇一年、浜名優美訳、二六七頁。
(104) *Ibid.*, p. 411. 同書、二六七頁。
(105) *L' herméneutique du sujet*, *Op. cit.*, pp. 18-19.『ミシェル・フーコー講義集成XI』二一〜二二頁。
(106) *Ibid.*, p.183. 同書、二三三〜二三四頁。
(107) *Ibid.*, pp. 339-340. 同書、四〇四〜四〇六頁。
(108) *Histoire de la folie à l'âge classique*, *Op. cit.*, p. 360.『狂気の歴史』三五九〜三六〇頁。
(109) Jacques Derrida, 《Être juste avec Freud》, l'histoire de la folie à l'âge de la psychanalyse, *Penser la folie: Essais sur Michel Foucault*, Paris: Galilée, 1992, p. 146.
(110) Jacques Derrida, *Résistances de la psychanalyse*, Paris: Galilée, 1996, p. 98.「フロイトに公正であること」、『精神分析の抵抗』青土社、二〇〇七年、石田英敬訳、一四七頁。

(111) *Ibid.*, p. 101. 同書、一五二頁。

(112) *Histoire de la folie à l'âge classique*, *Op. cit.*, pp. 523-524, p. 525.

(113) Jaques Derrida, *Op. cit.*, p. 124.

(114) *Ibid.*, p. 125.

(115) Immanuel Kant, Vorrede zur zweiten Auflage, *Kritik der reinen Vernunft*, 1787, S. xxv, Hamburg: Felix Meiner, 1956; 1971, S. 25.

(116) Immanuel Kant, *Versuch über die Krankheiten des Kopfes*, 1764.「脳病試論」、『カント全集２：前批判期論集Ⅱ』岩波書店、二〇〇〇年、加藤泰史訳、三八八頁、訳注：四七五頁。

(117) Immanuel Kant, *Anthropologie in pragmatischer Hinsicht*, Wilhelm Weischedel (ed), *Op. cit.*, SS. 529-532. 前掲書、一五一〜一五五頁。

(118) *Ibid.*, S. 529. 同書、一五一頁。

(119) Immanuel Kant, *Träume eines Geistersehers*, 1766, Ditzingen: Reclam, 1976; 2018.「視霊者の夢」、『カント全集３：前批判期論集Ⅲ』岩波書店、二〇〇一年、植村恒一郎訳。坂部恵「カントとルソー」、金子武蔵編『カント』理想社、一九六九年、一六〜一七頁。

(120) Immanuel Kant, *Anthropologie in pragmatischer Hinsicht*, Wilhelm Weischedel (ed), *Op. cit.*, S.531. 前掲書、一五四〜一五五頁。

(121) Jorge Luis Borges, John Wilkins' Analytical Language, Eliot Weinberger (ed), Esther Allen et al. (tr), *Selected Non-Fictions*, New York: Penguin Books, 1999, p. 231.

(122) Jacques Derrida, *Op. cit.*, p. 124. 前掲書、一八四頁。

(123) *Naissance de la clinique: Une archéologie du regard médical*, Paris: PUF, 1963, p. 199.『臨床医学の誕生』みすず書房、一九六九年、神谷美恵子訳、二六六頁。(*Naissance de la clinique*, Paris: PUF,

1972; Paris: Quadrige/PUF, 2000, p. 201.）

(124) Xavier Bichat, *Anatomie générale, appliquée à la physiologie et la médicine*, 1, Paris: Brosson, Gabon et Cie, 1801, p. cxix.

(125) *Naissance de la clinique*, 2000, *Op. cit.*, p. 172. Paul Veyne, *Foucault: Sa pansée, sa personne*, Paris: Albin Michel, 2008, p. 43.

(126) *Naissance de la clinique*, 2000, *Op. cit.*, pp. 172-173.

(127) Jacques Derrida, *Op. cit.*, p. 137.

(128) *Ibid.*, p. 131.

(129) *Les mots et les choses*, *Op.cit.*, p. 398.

(130) Jacques Derrida, *Op. cit.*, p. 137.

(131) *Les mots et les choses*, *Op. cit.*, p. 396.

(132) *Ibid.*, p.396.

(133) *Ibid.*, p. 349.

(134) Radioscopie de Michel Foucault, 1975, *Dits et écrits*, 2, p. 801.「ラジオスコピー」、『ミシェル・フーコー思考集成Ｖ』前掲書、石田久仁子訳、四四三頁。

(135) À quoi rêvent les philosophes?, 1975, *Dits et écrits*, 2, pp. 705-706.「哲学者たちは何を夢想しているのか?」、『ミシェル・フーコー思考集成Ｖ』、前掲書、高桑和巳訳、三〇四頁。

(136)「日和下駄 一名 東京散策記」、『荷風全集』第一一巻、岩波書店、一九九三年、一一四頁。

(137) Qu'est-ce que les Lumières?, 1984, *Dits et écrit*, 4, p. 571.

(138) Maurice Blanchot, La parole quotidienne, *L'entretien infini*, Paris: Gallimard, 1969, p.363.

(139) Conversation avec Michel Foucault, 1971, *Dits et écrits*, 2, p. 189.

（140）D. Macey, *Op. cit.*, P. 2.
（141）Foucault et le zen: Un séjour dans un temple zen, 1978, *Dits et écrits*, 3, p. 621.
（142）*Ibid.*, p. 621.
（143）Une interview de Michel Foucault par Stephen Riggins, *Dits et écrits*, 4, p. 534.「スティーヴン・リギンズによるミシェル・フーコーへのインタビュー」、前掲書、四三七頁。
（144）Paul Veyne, *Foucault*, *Op. cit.*, p. 209.
（145）D. Eribon, *Op. cit.*, p. 337.
（146）Georges Battaile, Le bleu du ciel, 1934, *Œuvres complètes*, 3, Paris: Gallimard, p. 449.『死者／空の青み』（バタイユ著作集・第四巻）二見書房、一九七一年：一九七九年、伊東守男訳、二一三頁。
（147）J. G. Ballard, *Crash*, 1973; London: Fourth Estate, 2014.
（148）*Ibid.*, p. 182.『クラッシュ』ペヨトル工房、一九九二年、柳下毅一郎訳、二一八頁。
（149）Chronologie, *Dits et écrit*, 1, p. 25.『ミシェル・フーコー思考集成Ⅰ』、前掲書、一九頁。
（150）Notice historique in Kant (E.), *Anthropologie du point de vue pragmatique*, 1964, *Dits et écrits*, 1, pp. 288-293.
（151）D. Eribon, *Op. cit.*, p. 347.
（152）Paul Veyne, *Foucault: Sa pensée, sa personne*, *Op. cit.*, note 2 in pp. 210-211.
（153）Paul Veyne, Le dernier Foucault et sa morale, *Critique* 471-472, 1986, p. 940.
（154）D. Macey, *Op. cit.*, p. 473.
（155）René Char, Demi-jour en Creuse, *Op. cit.*, p. 825. なお西永良成はこの詩の三行目にある 'parages' を「家系」と訳している（『詩におけるルネ・シャール』）。
（156）Paul Veyne, *René Char en ses poèmes*, *Op. cit.*, p. 500. 前掲書、七〇四頁。

(157) *Ibid.*, p. 500. 同書、七〇四頁。
(158) Maurice Blanchot, Parole de fragment, *Op. cit.*, pp. 452-453.『終わりなき対話 Ⅲ』筑摩書房、二〇一七年、湯浅博雄・岩野卓司・郷原佳以・西山達也・安原伸一朗訳、五二二頁。
(159) René Char, L'âge cassant, *Op. cit.*, p. 766.
(160) Paul Veyre, *René Char en ses poèmes, Op. cit.*, p. 499. 前掲書、七〇三頁。
(161) René Char, Partage formel, *Œuvres complètes*, Gallimard, 1995, p.169.（『夢と実存』みすず書房、一九九二年、荻野恒一・中村昇・小須田健訳、一一二頁。『ミシェル・フーコー思考集成Ⅰ』筑摩書房、一九九八年、石田英敬訳、一四八頁。『ルネ・シャール全詩集』新装版、青土社、二〇〇二年、吉本素子訳、一二七頁を参照。表題については、西永良成『激情と神秘』岩波書店、二〇〇六年、八四～八五頁。モーリス・ブランショ『他処からやって来た声』以文社、二〇一三年、守中高明訳、七一頁、注1、その他を参照）
(162) Entretien avec Michel Foucault, 1980, *Dits et écrits*, 4, p. 46.
(163) Chronologie, *Dits et écrits*, 1, p. 64.
(164) *Le courage de la vérité: Le gouvernement de soi et des autres 2: Cours au Collège de France, 1983-1984*, Seuil/Gallimard, 2009, p. 143.『ミシェル・フーコー講義集成ⅩⅢ』筑摩書房、二〇一二年、慎改康之訳、九三頁。
(165) Chronologie, *Dits et écrits*, 1, p. 63.
(166)『七十人訳ギリシア語聖書 エゼキエル書』青土社、二〇一七年、秦剛平訳、二四頁では、生死の別、つまり具体的な「命」（プシュケー）の与奪が問題になっているが、その理由や信仰上の文脈とは関係なく、ここではフーコにも生命の次元の危機が差し迫っている。
(167) *L'archéologie du savoir*, Paris: Gallimard, 1969, p.28.

(168) Immanuel Kant, *Kritik der reinen Vernunft*, *Op. cit*, S. 6.『カント全集4：純粋理性批判（上）』岩波書店、二〇〇一年、有福孝岳訳、一六頁。

(169) *L'archéologie du savoir*, Paris: Gallimard, 1969, p.54.（『知の考古学』河出書房新社、一九八九年、中村雄二郎訳、六一～六二頁および『知の考古学』、前掲書、七八～七九頁を参照）

(170) Michel Foucault a été enterré dans le cimetière de Vendeuvre-du-Poitou, *Le Monde*, le 2 Juillet 1984.

ミシェル・フーコー

主体の系譜学

序　章　系譜学、あるいは愉しい学問へ

自己への自由

フーコーは確かこう述べていたはずだ。「私は私のことを何も知らない。同じように私は私の死の日付けもまた知りはしない」と。また、書くという行為において「私が何者であるかを尋ねてはいけない」とも述べていた。彼の信条ともいうべきものは、常に自分自身から自由になること、自己からの離脱であった。それは自分に課されるどんな同一性(identité)にも拘束されず、いうならば「自己への自由」を確保することであったように思われる。

彼は『知の考古学』にまさしくこう書いている。

一人ならずの者が、おそらく私のように、顔をもたないために書いているはずです。私が誰であるのか尋ねないでください。私にいつも同じままでいろと言わないでください。そのように尋ねたり、言ったりするのは戸籍の道徳であり、それがわれわれの身分証明書を支配しています。書くことが問題であるときはこの道徳から自由になるべきでしょう。(『知の考古学』)

彼が終始一貫して拒否したのは、どんなものにせよ、自己の同一性（identité）にかかわる幻想である。同一性というのは慣習や、法や、制度や、規則が要求するものである。それは最小限度にして、また人の本質的な生存の様式をしばるものであってはならない。

彼の思索の努力は、自己の同一性に安住するためのものではなく、現在の自分とは異なる仕方でものを考えるために続けられた。『言葉と物』が出たあと、ブルジョワ・イデオロギーだという世の誤解を避けながら、世のどんなブルジョワ批判よりも深いレベルで、「権力の分析論」にたどりついたときもそうであった。また『性の歴史』第一巻からやや長い沈黙のあと、大幅にプランを書き替えて「自己の問題」を考え、その二巻、三巻を出したときもそうであった。

このようなフーコーに対して、その生活史をまとめあげて紹介するということは、いかにも辛いことであるといえよう。われわれにできるのは、彼の物深い思索の断片を何とか拾いあげることぐらいだろう。しかも、それらの断片を一つのまとまりに全体化するのではなく、それらの断片のあいだにある、さまざまな連続性と不連続性を見届けることが必要である。

それらの思索のどの断片も、フーコーの分身である。だが、分身である以上、すべて微妙に異なっている。また、どれが原像（オリジナル）であり、どれが模像（コピー）であるというわけでもない。彼は同一性の代わりに複数を選び、多数多様性によって答えるのである。その修業時代を見ても、彼の思索にはハイデガーの線分があり、ニーチェの線分がある。フロイトも、マルクスも、ヘーゲルの線分もある。またバシュラールやカンギレム、アナール学派があり、その他にも、実に多種多様な知の線分が走っている。

もっとも読んだ哲学者

とはいえ、修業時代から彼の思索を方向づけた、もっとも強い線分を考えてみると、やはりハイデガーとニーチェということになるだろう。若い時期、この二人は彼がもっともよく読んだ著者なのである。一九八四年、死の直前になる「道徳の回帰」というインタビューのなかで、フーコーは感慨深そうに、自分の若い頃を次のように振り返っている。

……ハイデッガーは、私にとって常に本質的な哲学者でした。私はヘーゲルを、ついでマルクスを読むことから始め、そして一九五一年か一九五二年にハイデッガーを読み出しました。さらに一九五三年か一九五二年、もうよくは憶えていませんが、私はニーチエを読みました。ここに、私がハイデッガーを読んでいた頃に取ったノートを——何トンも！——まだ持っています。しかも、ヘーゲルやマルクスについて取ったものよりも遥かに多量にあります。私の哲学的生成のすべてが、私のハイデッガーの読解によって決定されました。しかし、ニーチェの方が優位を占めた
イデッガーを知らないので

されたものも知りません。私のニーチェに関する知識は、ハイデッガーについてのものよりも遥かに詳しいものです。だからといって、これらが私の根本的な二つの経験であることには違いありません。……（増田一夫訳「道徳の回帰」、『同性愛と生存の美学』所収）

ハイデガーとニーチェはともに、若いフーコーにとって大きな「哲学的衝撃」であったことはまちがいない。とはいえ、彼はハイデガーだけを主題に書いたことはなく、ニーチェについても本格的には一篇の論文を書いたのみである。

彼は構造主義者と呼ばれることを嫌った。だが、自らを「ただのニーチェ主義者」であると言ってはばからなかったこともある。彼は自分がニーチェのテクストによっていくつかの分野で何ができるかを試しているだけだとも述べている。歴史への関心において、またおそらくその仕事の多くの部分において、彼の陽気で辛辣なポジティヴィズムへの情熱は、「もっとも重く、困難な思想」に耐えるツァラトゥストラの笑いにこそ深く共鳴したのだろう。

ここでは以下に、フーコーの理論的な言説の営みをもっとも強く照らし出すものと思われる、ニーチェの線分について見ていくことにしよう。

緑色のルノーに乗って

モーリス・パンゲの思い出によれば、一九五三年の夏、フーコーは友人たちとイタリアで二週間の休暇を過ごす。彼らはフーコーがもっていた小さな緑色のルノーに乗ってフランスを発ち、ローマの少し北にあるチヴィタヴェッキアの海岸へ出かけた。海岸で、公園で、カフェテラスで、時の合い間に、陽の光を浴びながら、彼はニーチェの『反時代的考察』を広げ、読んでいたという。フランスでは、ナチズムへの悪しき連想のために、バタイユのグループなど一部を除くと、ニーチェがまだ正当に評価されていなかった頃である。

前の年にフーコーはパリの心理学研究所で精神病理学の課程を修了し、リール大学の心理学助手に就任した。だが、彼はリールには住まず、パリから通っていた。パンゲがフーコーと親しくなった頃、フーコーはユルム街のエコール・ノルマルでも心理学を教えており、フロイトも扱っていた。そのときの彼は、マルクスの唯物論からハイデガーの実存主義へ、パブロフの条件反射の理論からルートヴィヒ・ビンスワンガーの現存在分析へと傾いていく、思想的な過渡期にあったという。五四年には『精神疾患とパーソナリティ』(のちに『精神疾患と心理学』の名で改訂再版)をP・U・Fから出版し、またビンスワンガーの『夢と実存』を仏訳して、それに本文よりもずっと長い序文を付け加えた。

心理学や精神病理学への接近は、若いフーコーの精神的な苦闘と関係していたのであろう。だが、この頃もっと深い部分で、フーコーの思想的な課題が形成されていたのである。それはおそらくニーチェの呼びかけに応えたものであり、歴史と真理への新しい眼差しが彼の思考の地平を大きく転回させたといえよう。かつて自殺を試みたといわれ、精神病院への入院も考えたフーコー像を下敷きにして見ると、イタリアの海岸への休暇の日々、地中海の明るい陽射しのなかでニーチェを読むフーコーの姿はとても印象的である。おそらくツァラトゥストラの笑いが、はじめてフーコーの情熱的な思考と辛辣な倫理観に見合うような知の水準を啓示したのであろう。知性はいつもそれに見合う倫理的な基盤を伴っているものである。虚弱な暗い精神ではなく、陽気で辛辣なポジティヴィズムの倫理が、底の浅いヒューマニズムではなく、潔い主人の倫理だけが、フーコーの恵まれた知性を十分に解放することができたのである。

ニーチェ

ニーチェがフーコーに与えた影響はきわめて大きく、持続的なものであった。それはフーコーの問題設定そのものにかかわっており、二つの重要な焦点をもっている。一つは「歴史」の系譜学であり、もう一つは「超人」の思想――人間学からの離脱の試み――である。ニーチェにおいてこの二つのもの、キリスト教的な道徳と欲望に憑かれたヨーロッパの「歴史」の系譜学的な解体と、「超人」の思想とは密接につながっている。

「歴史」の系譜学は、キリスト教によって訓育された、西洋の人間の自己同一性(identité)の歴史的な系譜、出自、由来を解明するものである。他方、「超人」思想は、そのような人間の自己同一性と、それを裏打ちする隷属と欺瞞に充ちた弱者の倫理を退け、生きることの強さと高さを真に求めうるような、新しい挑戦的な倫理の可能性を切り拓こうとする。

だが、そのような倫理的可能性は実に巧妙に排除されている。良き理性と道徳の名のもとに人間の欲望や生存のかたちはいじましいもの、卑しいものに制約されてきたからである。ニーチェは自身の挑戦的な倫理の可能性を裏づけるために、西洋の人間の同一性を支える、このような排除と隷属の系譜を明らかにしなければならない。それは穏便な常識を超えたものだが、決して否定的なニヒリズムや懐疑のためにするものではない。

ニーチェにとっては、目の前にある、ヨーロッパの民主的で、人間的な主体性（同一性）とは、単にある弱者の「生存の様式」として存在するのではない。むしろそれは人間と呼ばれるものすべてを徹底的に弱者にするための技術なのである。それは生を侮蔑し、人間の欲望や生存の可能性を凡庸で、低く、卑小なものに制約する、悪意に充ちた権力の技術に属している。

ヨーロッパの「人間」を規定するこのような生存のかたちは、決して不変のものでも、自然のものでもない。それは歴史のなかでつくられたものである。だが、ヨーロッパ人はそうは思っていない。彼らは本当に「自分が誰であるのかを知らない」からである。ニーチェが提示しようとするのは、キリスト教によって訓育された、西洋の人間とは一体何者であるのかを明らかにする系譜学的な歴史である。それはすでにその同一性、主体性をもった「人間」があれこれと経験する歴史ではなく、その経験の主体である「人間」自身がどのようにして成立したのかという歴史である。

系譜学

ニーチェは、西洋の人間の主体性、同一性について、その歴史的な成立平面を問題にする。この系譜学的な批判の作業を通じて、彼は、人間を正当化する普遍的で中立的な「科学」や、人間の存在をそのあるがままの姿に固定する「道徳」を含め、人間なるものの同一性を歴史の具体性のなかに、さまざまな力の関係のなかに分解する。そして、西洋の人間の主体性、同一性を支えている暗い土壌、その本質的な隷属性を明らかにするのである。

フーコーは、この系譜学的な問題意識を、厳密に実証的《ポジテイフ》なかたちで、しかもさらに広範な具体性の領域において引き継いだといえよう。彼もまた西欧的な人間の「主体化」の歴史を明らかにしようとするからである。ニーチェの『愉しい学問』(*Die fröliche Wissenschaft*)の第一書には、フーコーのなすべき仕事を予告するかのように、次のようなことが書かれている。

> 人間の生活に色彩を与えてきたものの何一つとして、いまだその歴史を所有していない。ひとは恋愛の、貪欲の、羨望の、良心の、信心の、残酷さの歴史を持ち合わせているだろうか？　これまでのところひとは、法律の、あるいは単に刑罰の比較史さえも完全に欠いているのだ。(豊崎光一『砂の顔』での抄訳：『愉しい学問』より)

フーコーは、西欧における、狂気の分割と排除、死と病と生についての医学的眼差し、思考の空間、監視と処罰、そして性の言説について、その「歴史」を明らかにする。彼が取りあつかう時代はおおむねルネサンスの終わりから、古典主義時代を経て、近代にいたるまでの西欧の「歴史」である。これらの「歴史」的な経験のなかで、西欧的人間の同一性、主体性がどのようにして成立したのか、という系譜学的な問題意識が主題化されるのである。

この系譜学的な問題意識——それはフーコーにあっては「考古学」(アルケオロジー)というかたちに方法化される——が人間の同一性(identité)の基盤に見出すのは、さまざまな情念や、欲望や、意志などの複雑に絡み合った力の関係である。この力の関係のなかで、人間の同一性とともに、狂気、倒錯、犯罪、死など、人間的なるものの他者が生み出される。人間の同一性はこの他者との隔たりによってはじめて与えられる。だが、他者は人間と同じ由来をもっており、両者は「神の死」とともに生まれた双子の兄弟(分身)のように親密でもある。人間の同一性はこのような他者を内在化してはじめて成立するからである。

ツァラトゥストラの問題

ニーチェにおいて、系譜学は「超人」の思想と結びついていた。ではフーコーの場合、ニーチェの「超人」の思想と等価な倫理的意義を含むものがあるのだろうか。だが、フーコーのなかに「超人」の対応物を探してみても無駄であろう。似ているものがあるとすれば、それは彼の「知識人」としての風貌、その自己への厳しさと、他者への辛辣とも見える誠実さでしかないだろう。

ただ「超人」というと、何か神秘的に実体化されて受け取られるかもしれない。しかし、ハイデガーがいうように、「超人」とは、それが克服し、超出すべきものとしての「人間」との関係を示す言葉である。それは「人間」の同一性を決定する、あらゆる形而上学やニヒリズムの〈外〉に出て、人間と呼ばれるものの生と存在（être）そのものを肯定することである。

たとえば、キリスト教的な形而上学は人間の地上的な存在そのものには本源的な意味や価値を認めず、むしろ超越的な彼岸に人間の存在の根拠を求める。次いで、人間の存在の無意味さを救出するために、地上と彼岸との媒介を行う。地上を彼岸に接続する、この媒介の論理が弁証法である。他方、ニヒリズムは同じ前提に立ちつつ、このような媒介の可能性を否定し、地上の存在を消極的な無意味さのなかに押し込める。いずれにしても、ここでは人間の生や存在はじつは侮蔑の対象であり、無意味で否定的なものにとどまる。

「超人」とは、もっとも重く、困難な思想、つまり同一物の永劫回帰という思想に耐えうるものである。同一物の永劫回帰において、一切の存在や価値判断はその固有の意味や目的を徹底的に無化される。すなわち、人間の存在そのものを無意味なものとする、形而上学あるいはニヒリズムのいずれの価値判断も巨大なカオスのような運動のなかに投げ入れられ、そのカオスの永遠の必然性に呑み込まれていく。

同一物の永劫回帰の思想は、人間の生や存在をあらゆる形而上学やニヒリズムの〈外〉へ連れ出す。「超人」たるツァラトゥストラは、この〈外〉の次元に立って、自己の生の主人たることを意欲するのである。

人間の生と存在（être）を貶め、あるいは支配する超越的な彼岸の価値を、ニーチェは徹底的に解体しようとする。そしてこの解体に耐えうるものを、この解体のさなかで自己の存在を自ら統御しうるものを「超人」と呼ぶ。フーコーもまた人間の終焉を予告し、人間的な主体（sujet）の系譜学的解体を行う以上、その解体を推し進め、解体の状況に耐えうる「自己」のかたち、あるいは生存の様式というものを探り出さねばならない。つまり、ツァラトゥストラが担おうとした問題、この未完の問題を彼もまた背負い込むことになる。

知識人

フーコーの仕事は言葉を使ってものを考えることであるが、それは安住すべき、同一なる自己の領分を見つけることでも、普遍的な真理に頼るためでもなかった。彼はそのような自己の領分や真理がないことを知っている。彼が系譜学的にものを考えるのは、そのような真理や自己への従属から身を引き離すためであり、「自己への自由」を確保するためであったといえよう。ここに「知識人」としてのフーコーのもっとも基本的な姿勢がある。

フーコーのいう「知識人」とは、普遍的な正義と真理の名によって世論を指導し、また大衆の意見を代表し、代行して権力に抗議する人、たとえばヴォルテールが古典的モデルであるような、偉大で、何でも知っている「普遍的知識人」ではない。また、党の決定に追随する「党派的な知識人」でもない。それは慎ましやかだが、自分の活動領域、専門領域における分析を通じて発言し、行動する「特殊な知識人」である。

「知識人」とは、自分の階級的な立場において、その具体的な生活や仕事の条件において、そしてとくに知の産出を規制する「真理の体制」との関係において、特定の場所を占めている人である。フーコーが求めたのは、このような自己の位置の特定性をたえず自覚しながら、社会における「真理の体制」とその具体的な働きを、実際の政治的な場面を通して明らかにし、問題化していく「知識人」であった。すなわち、彼の仕事は、人びとにとって自明で、公理のように思われている、さまざまな慣習や規則、思考や行動の様式をもう一度問い直すこと、この「再-問題化」の作業である。

フーコーの「知識人」としての主要な政治活動をたどってみると、一九七一年の「監獄に関する情報グループ」(GIP)の設立、運営をはじめ、国内外の囚人、移民労働者、ソビエトの反体制知識人、ポーランドの自主管理労組「連帯」、アジアの難民など、権力によって追い詰められた人びとを一貫して支援している。これらの人びとは、権力が要求する「人間」の規格《ノルム》から逸脱した人びとであり、その「人間」の不幸な分身である。だが、彼らの身を賭した逸脱と抵抗において、権力に服従する「人間」とその同一性がどういうものなのかを逆に照明する人びとでもある。

フーコーの知識人としての活動は、「人間」とその否定的な「分身」を同時に生み出す権力のシステムそのものを標的にしている。決して悲惨な人びとを「人間化」することが彼の目的ではないのだ。そうした人間化は権力の擬似餌となり、同時に別の犠牲者を生み出すであろう。問題は、人間の規格《ノルム》とその逸脱をともに配置する権力のシステムそのものを明らかにし、人びとがその発言や行動において自分自身の在り方を自ら選択する自由を確保することである。

主体の問題

晩年になって、フーコーは、これまで自分が「主体」(subject) の問題を、しかも三重の仕方で取りあつかってきたのだと述べている。それは人が「主体」になる三つのプロセスに対応している。一つは、医学や人文諸科学のなかで行われた人間の主体化、つまり「真理との関係」における主体化である。二つめは、狂気、病、犯罪などを分割し、排除する実践のなかで行われた人間の主体化、つまり「権力との関係」における主体化であり、三つめは、性的な欲望を通して行われた人間の主体化、つまり「道徳との関係」における主体化である。

しかし、『狂気の歴史』から『言葉と物』を経て、『性の歴史』の第一巻である『知への意志』までは、最初の二つ、つまり真理あるいは知との関係、権力との関係における主体化が、フーコーの中心的な課題としてわれわれの前に示されてきた。とくに『知の考古学』や『言説の秩序』においては、知と権力の戯れ、真理と権力の結びつきに対する分析が方法化され、それが『監獄の誕生』『知への意志』というかたちで展開していく。

これらの研究では、「主体」とは誰にでも普遍的に求められる生存の形式を意味していた。われわれはこれを普遍的な規範としての「主体」と呼ぶことができる。それはごく一部の人のために考えられた生存の様式ではなく、近代的で民主的な社会性を構成するために、すべての人がそれに従うことを要求される生存の形式であった。

この意味での主体——「subject」とは服従の主体である。「subject」には服従、隷属、あるいは臣民という意味がある。フランス語の「主体化」(assujettissement)には「従属化」という意味がある。「主体化」とは、人間がある一定の関係に、つまり真理との関係、権力との関係に従属する様式であり、この従属を通じて自己を与えられ、自己を確認し、自己(の同一性)の意識を得ることである。主体とは一個の自己になることだが、正確には、知と権力がある一定の戦略によって内側から誘導し、要求してくる「自己」の規格(ノルム：norme)に従属することである。

生の様式化

フーコーはほとんどその生涯をかけて、このような「主体」の自己同一性を系譜学的に解体したといえよう。だがそれでは、われわれは自己との道徳的な関係、つまり自己の実践とその倫理的な可能性をどのように考えていけばよいのか。この問題を考えるために出てくるのが、『性の歴史』の第二、三巻、つまり『快楽の用法』『自己への配慮』における分析視点の移動である。

そこで、フーコーは「主体」の問題を、普遍的な規範の形式としてではなく、能力ある人びとが自己を鍛え、ある高さを求めて行う「生の様式」として考察する。古代ギリシアやローマにおいて、ある種の自由な人々が理想とした生の様式には、明らかに近代の主体とは異なる自己との関係があった。古代道徳に見られる、その「生の様式」は自己の厳しい統御にもとづく自己の錬成であり、美学的＝倫理的な主体化の様式であった。

とはいえ、フーコーは古代ギリシアやローマの時代に見られる「生の様式」の追求を素晴らしいとか、模範にしようとか思っているのではない。彼が注意しているのは、この「生の様式化」が少数の人間を対象としていたことである。それは近代的な意味での道徳というよりも、むしろ個人の生のスタイルへの美的で倫理的な配慮に近いものであった。それはすべての人に実現できるわけではないし、またすべての人に求められるものでもなかった。

もちろん、少数の人びとが執拗に追求したこの「生の様式化」を、万人に共通のものにしようとする矛盾した努力もあった。だが、それは決して万人の義務とは考えられず、基本的に個人の選択の問題だったのである。ここで重要なのは、諸個人にとっての「生の様式化」の多様な可能性である。近代的な主体の規格をはるかに超えて、自分の生のいかなる様式化、そしてどのようなその多様化が可能であるのか。フーコーがわれわれに「現在の問題」として考えるべく、提示するのはまさにこの問題であったといえよう。

フーコーもまた一人の「知識人」――単に大学教師ではない――として、現実との特定の関係性において自己の実践を創作し、様式化していく。だが、他にもさまざまな自己の実践、多様な生の様式の創造、展開があるだろう。生の様式化とその多様性こそ、フーコーが最後に提示しているもののように思われる。人はどのようにして、いかなる生の様式化を選び取ることができるのか。この問題は彼の調査の対象であると同時に、彼自身の切実で、たえずくり返される課題でもあったのだろう。

道先案内

最後に、これから先の道案内をしておこう。本書はフーコーの思索をできるかぎり多様に、具体的に提示したいと思っている。とはいえ紙幅は限られている。各章ごとに、彼の思索の線分が凝集する部分を、とくに欠かすことのできないものを、ある基本的な方向性において示したいと思っている。

第一章はフーコーの思考の「特異性」を見ることにした。彼の思考がそこからやって来る、ある思考不可能な空間がある。フーコーの思考はいつもこのもっとも深い外部へ投錨しており、この〈外〉をめざし、またそこからやって来るようにみえる。

第二章はフーコーが提示する「思考の歴史」の新しい見方を取りあつかう。『言葉と物』（六六年）におけるフーコー独特の時間区分による西欧文化の具体的な分析を追うことにした。それは『狂気の歴史』（六一年）、『臨床医学の誕生』（六三年）などにおける分析の、基本的な座標軸としても役に立つはずである。彼の分析は常識的な思想史をくつがえす、興味深い不連続性を発見する。ここでの問題は思考の歴史の新しい可能性を知ることである。

第三章はフーコーにおける「外の思考」を検討する。まず『知の考古学』（六九年）、『言説の秩序』（七一年）などにおける方法の問題を取りあつかう。すなわち、構造主義との差異や、言語に対する理解可能性の転換をもたらした「外の思考」と呼ばれる彼の分析の独自性を明らかにする。『狂気の歴史』（六一年）の問題意識や、「外の思考」を彼に強く啓示したレーモン・ルーセルやルネ・マグリットの作品を検討する。

第四章は「主体と権力」の問題を取りあつかう。まず言説分析の方法から権力分析まで、その基本的な問題設定を明らかにする。そして『監獄の誕生』（七五年）、『知への意志』（七六年）などに見られるように、パノプティコン（一望監視方式）、セクシュアリテ（性現象）など、人間を主体化する権力の装置を検討する。最後に、『快楽の活用』（八四年）、『自己への配慮』（八四年）を通じて「主体」の問題に対する新しい考察を検討する。

第一章　フーコーの望遠鏡

はじめに

『言葉と物』はフーコーにとって、文体という観点からはその熟成ぶりを示すと同時にある不安な緊張の軌跡を描いているようにみえる。また、理論的な痕跡としても非常に危うい場所を横切っている書物のように思える。それはレーモン・ルーセルの極限的な言語の経験と呼応しながら、おそらくフーコーの思考の中心、というよりはその思考の不安の中心に位置している。

しかし、多くの人は『言葉と物』をそのようには読まなかった。それは西欧の思想史に新しい整理を試みた図式的な解説の書のように受けとめられた。論議を呼んだ「人間の終焉」という命題も、何かロマンティックな観念として普及した観がある。その書物はフーコーの意に反して、歴史についての新しい解釈学として人の心を安心させたようである。曰く、一六世紀、ルネサンスの知を支配したのは「類似」という原理である。一七、一八世紀の古典主義時代のエピステーメーは「表象の分析論」として整理され、一九世紀以降の近代のエピステーメーは「有限性の分析論」として理解される、という具合にである。

たぶんフーコーをそのように読むこともできよう。だが、思想史の分類や見取り図だけならば、それは解釈学の一つのオプションにすぎない。フーコーは単に思想史の新しいチャートを提示しようとしたのではないのだ。彼が真に試みたのは単なる思考の分類ではなく、西欧の思考を可能にし、制約している歴史的な条件の分析である。そして、不思議にも変容を重ねていく、西欧の思考とエピステーメーの生のままの存在様態を実証的《ポジティフ》に捉えることである。

＊

思考の営みが具体的に可能となるのは、さまざまな言説が交差し、連関する一つの場においてである。この思考の場は決して抽象的な一個の体系や規範に還元されるようなものではない。また、思考を支える場は永遠に不動の実体ではない。むしろそのうちに絶えざる分解とずれ、一致と不一致をはらみ、常に変容の過程にあるといってよい。フーコーはこのような思考の場をエピステーメー（épistémè）と呼んだのである。

この思考の場ないしエピステーメーが歴史的なものであり、あるとき出現し、異動し、やがて消滅するということをくり返すとすれば、それは一体どのような空間において可能なことなのだろうか。思考の営みを可能とし、また思考が消えていく、この波打ち際のような空間は、少なくとも思考によって捉えられるようなものではない。それは思考の余白として広がる、思考不可能な場所であり、深い「非在」にしか見えない空間である。それは思考とエピステーメーをはらみ続ける空間であり、彼の書物はこのもっとも深い「非在」への不安な接近遭遇の試みとして動機づけられている。

思考の場としてのエピステーメーは夜空に輝く冷たい星座のようでもある。ただし、この星座は数百年も経たないうちに、その相貌をすっかり変えてしまう。あるとき美しい星々の無限の図柄が見えたのに、次の時代には悲しい顔をした人間がそこに映っている。やがてその人間の顔も別の何物かによって掻き消されてしまうにちがいない。そこには、西欧のエピステーメーが深い非在のなかで変貌していく、生な、裸形の経験がある。フーコーの望遠鏡は、この遠い非在の場所でくり広げられる出来事として、西欧の思考の生な経験を狙い、追うのである。

言葉と物の宇宙に描かれる思考の遠い軌跡を、その書物は見つめている。思考の底に横たわる非在が彼の書物に不安な影を投げかけるのだろう。彼の言葉は正確に選ばれながらも、考えようもない非在の表面を激しく、強く滑っていく。あるいは主体（告白）のない饒舌が非在の空間と深く、透明に交差するかのようである。そして時に笑い、躍動するような言説《ディスクール》が、誰のものとも知れない冷やかな真実の軌跡について必死に語り続けるのである。

書物の始まり

その序文の冒頭に、「この書物の出生地はボルヘスのあるテクストの中にある」と書かれている。ボルヘスのテクストというのは「ジョン・ウィルキンズの分析言語」というエッセーのことである。そこには、一七世紀英国の言語学者ジョン・ウィルキンズによる「石」の分類や、ブリュッセル書誌学会による「宇宙」の分類区分とともに、「中国のある百科事典」――『善知の天楼』というも未詳――からの引用として、何とも異様で奇妙な「動物」の分類法が掲げられている。

これらの饒舌な分類の試みは、物に対する言葉の、奇怪で、曖昧で、出鱈目な過剰のようにみえる。だが、われわれの思考の下敷きにある言葉と物の交わりとざわめきを直《じか》に聞き取ることがその書物の主題であり、静かなる言語の昂揚がその文体の基調であるとするならば、この奇妙な始まりはまさに必然的なもののように思える。

思考の営みがもはや零度となるような地点。言葉は過剰に溢れているが、そこで思考の営み自体は不在であるようなところから、その書物は始められねばならない。この零度の思考においては、言葉と物の関係は混乱し、両者は解けようのないほどにもつれあい、あるいは結びようのないほどゆるんでしまう。

もちろん、思考とは言葉と物のあいだに秩序ある関係をうちたてることであり、このような混乱を回避する営みであったはずである。だが、そうした首尾一貫性は思考の一つの側面であり、決して思考というものの生ける存在を尽くすものではない。思考は常にその非在に向かって開かれた不安定な存在である。しかも、この開かれた空無の位相においてこそ、言葉と物の関係である思考のさまざまな可能性が練り直されるのである。たとえばカントが純粋理性の批判を試みたのも、この空無な場所に向かって開かれた、思考の不安で危うい存在を直視したからであり、思考の近代的な可能性のかたちを確保するためであった。

思考が立ち現れ、消滅する、この空無な場所との関係において思考を捉えること、それがこの書物の企てている最大の関心事であろう。すなわち、フーコーにとっては、思考をその図式あるいはそれが意味する平面においてよりも、その存在様態において、その現れと消滅の奥行きにおいて捉えることが重要なのである。この奥行きが開示されるのは、思考の不可能性が乗り超えがたいものとして立ち現れ、思考をくまなく取り囲み、思考の存在様態そのものをむき出しにし、相対化するような、パラドキシカルで、不確かな、困惑の経験を通してである。

中国の百科事典

その奇妙奇天烈で噴き出してしまいたくなるような事典に、フーコーが関心を抱いたのには理由がある。それは、われわれがその近代性において慣れ親しんだ思考の世界にとっては、未知の、異邦の、あるいは不可能な思考のささやきにも聞こえたからである。われわれの思考が、言葉と物の取り結ぶ確かな関係のなかに浮かびあがるものだとすれば、「中国のある事典」（以下「中国の事典」と呼ぶ）は、そのような言葉と物の関係がどうしようもなくゆるみ、ほどけてしまうような、ある本質的に不可解なものを提示しているからである。

フーコーが紹介するその事典は「動物」を次のように分類している。

a．皇帝に属すもの、
b．芳香を放つもの、
c．飼い慣らされたもの、

d. 乳呑み豚、
e. 人魚、
f. お話に出てくるもの、
g. 放し飼いの犬、
h. この分類自体に含まれるもの、
i. 狂ったように騒ぐもの、
j. 数えきれぬもの、
k. 駱駝の毛の極細の筆で描かれたもの、
l. その他、
m. 今しがた壺をこわしたもの、
n. 遠くから蠅のように見えるもの、

以上である。

困惑

この分類法が人を笑わせ、そして困惑させるのは、決して分類される各項目の特徴が突飛だからではない。たとえば「お話に出てくる」動物たち（fabuleux）には、普通の想像を絶するような奇怪な怪獣、炎を吐く口をもち、空を飛び、悪魔の顔をした動物、あるいは『西遊記』に出てくるような、とてつもない魔力を秘めた猿や河童がいるのかもしれない。

また、伝説の怪獣である麒麟は聖人の前に現れるといい、形は鹿に、尾は牛に、蹄は馬に似ており、背毛は五彩、体毛は黄色、頭上には角がある。

J・L・ボルヘスとM・ゲレロが『幻獣辞典』(柳瀬尚紀訳)で掲げた『太平廣記』という書物によれば、「彊良《きょうりょう》」は虎の頭、人間の顔、長い手足、四つの蹄をもち、口に蛇をくわえている。「刑天《けいてん》」は神々と戦ったために首を切られた生き物で、以来、無頭のままである。「鳴蛇《めいだ》」は蛇の頭と四つの翼をもつ。「并封《へいふう》」は魔法の水の国に住み、前後に頭のある黒い毛の豚に似ているという。

しかし、こうした想像上の怪物でさえ分類の言葉によって指示できるものであり、その突飛さは決して思考不可能なものではない。「中国の事典」はその種の突飛さを分類表のなかにうまく回収してしまうのである。まして「芳香を放つもの」とか、「人魚」や「乳呑み豚」あるいは「今しがた壺をこわしたもの」などは多少突飛であっても、決して考えられないものではない。

それでは、「中国の事典」において思考不可能なものとは一体何なのだろうか。まず、掲げられた分類法では各項目が互いに独立なものであるといえるのかどうか、これを吟味する必要があろう。すなわち、そこで果たして$\{a \neq b \neq c \neq \cdots\cdots \neq h \neq \cdots\cdots \neq n\}$といえるのだろうか。もしそうでなければ、分類は正確なものではなくなる。少なくとも、どんな動物もいずれかのカテゴリーに入り、しかもその所属に重複があってはならない。

たとえばgの「放し飼いの犬」とnの「遠くから蝿のように見えるもの」とはいかにも異

なっている。だが、放し飼いにされた一匹の犬を遠くから見れば、蝿のように見えるかもしれない。そういう意味では、ここには重複があるようにもみえる。しかし、「中国の事典」の編者によれば、それらは完全に識別できるのである。確かに識別する基準は明らかにされていないが、各々の項目のあいだには、それらの項目を相互に引き離し、決して交叉させない独特の格子があるのだろう。われわれもその識別の基準を受け入れれば、こうした突飛な分類も決して思考不可能なものとはいえないだろう。

もし不注意によって、ある動物が同時にaとbに所属するようであれば、分類はうまくいってない。それはまちがいである。ただ、そうした個々の矛盾であるなら、重複を排除するために分類項目をもう一度立て直せばすむことである。こうした矛盾は決して思考不可能なものではない。

不思議な隣接

われわれの近代的な基準からすれば曖昧に見えようとも、ある種の同一性と差異の原理が表裏をなして、「中国の事典」の分類法を構成していると考えられる。つまり「中国の事典」の編者にとっては、aからnまでの各項目はすべて自分自身に対する同一性と、他の項目に対する差異を保持しているのだろう。

それでは、人を面くらわせるこの分類法の不可解さ、その根本的な異常さは、何に由来するのだろうか。そこでは互いに無縁なものどうしがいかにも唐突に並べられているからだろうか。シュルレアリストのマックス・エルンストは、ロートレアモンの詩句にある「解剖台の上のミシンと洋傘の偶然の出会い」のように、思いもかけないものの偶然の出会いが生み出す不思議な驚きの効果（左の範式(1)のX）の成立条件を分析している。そして一見したところだと、この「中国の事典」でも、まったく異質な項目がそれぞれ偶然のように隣り合わせて並べられているのである。

$$\frac{\text{ミシン＋洋傘}}{\text{解剖台}}=\mathrm{X}\cdots\cdots(1)$$

シュルレアリスムは異質なものどうしを互いに接近させることによって、一つの驚異を生み出すことに専念した。たとえば転置（dépaysement）という手法は、厳粛なブロンズの胸像を人通りのない田舎の畦道などに置くことによって、異様な感覚の効果を狙う。さらに、右のロートレアモンの範式(1)のように、異質な二つの物（ミシンと洋傘）をそれぞれの日常の場所から分離し、それらにはまったく無縁な場所（解剖台の上）で互いに遭遇させせる。

だが、そこに不思議な驚き（X）の効果が生まれるとしても、その驚き自体は決して思考不可能なものではない。むしろ、それは純粋な思考の可能性によって生み出されたものであり、思考そのものに対応しているからである。この意味では、シュルレアリスムは思考の働きの純粋で適切な実験と考えることもできるのである。

それゆえ、もし「中国の事典」の分類法が「異質なものの隣接」というシュルレアリスムの範式に当てはまるのだとすれば、それは確かに不思議な感じを与えるだろう。だが、だからといって、それは決して思考不可能なものとはいえない。むしろ、それはある思考の場を前提にして行われる思考の操作となるからである。

共通の場（タブロー）

「中国の事典」がはらんでいる、あの笑いと困惑の源泉はもっと別のところに潜んでいる。それは奇妙な項目のさり気ない列挙の下に、われわれの思考にとって理解不可能な根本的な矛盾を隠しもっているからである。

すなわち、分類法が適切なものであるためには、aからnまでの各項目が「共通の平面」に並び、その同一の平面を重複なく分割するのでなくてはならないはずである。ところが、この分類法には、各項目が並び合うべき「共通の平面」が崩壊している。シュルレアリスムの有名な範式では、ミシンと洋傘がその上で出会う解剖台のような共通の場が存在した。だが、「中国の事典」では、互いに無縁な項目どうしがその上で出会うことになる「共通の場所」が不在なのである。

フーコーによれば、ボルヘスがその列挙によって味わわせる異常さは、出会いの共通の空間そのものが崩壊していることに由来している。この場合、不可能であるのは、物の隣接関係ではなく、物を隣りあわせることをゆるす座そのものなのだ。（渡辺・佐々木訳『言葉と物』）

そこでは出会いの共通の場が崩されている。「お話に出てくるもの」「数えきれぬもの」「駱駝の毛の極細の筆で描かれたもの」……が列挙され、並べられているのは、共通の場の裂け目、つまり、ただ言語だけが触れうる非在の空間においてである。その言語はこれらの動物たちが並置される共通の空間があたかも実在するかのように述べている。だが、子細に見れば、その共通の空間は取り返しのつかないほど不安定で、思考不可能な戯れに向かって滑り出しているのである。

その奇妙に明るい言語は不思議な動物たちを次々に並べ、分類しているようにみえるが、その分類の営みは空しく拡散していく。その過剰な言語は物を並べ、分類を可能にする共通の平面、その共通の場の崩れを露わにするばかりである。いいかえれば、その言語はもはや思考しえぬひとつの空間、むしろ思考から逃れ去る空無な外部を開示しているのである。

思考のタブー

共通の場を奪い、思考にとって不可能性の中心にあるのは、hの「この分類自体に含まれるもの」というカテゴリーである。それはもはや中国という文化の特異性に解消できない、普遍的な矛盾を示している。なぜなら、ここでは分類項目の全体というメタ・レベルにあるものが、分類の一項目というオブジェクト・レベルに混入しているからである。それはいわゆる「階型混同」のタブーを侵している。思考が首尾一貫性をもつためには、このようなタブーを侵してはならないが、「中国の百科事典」の頁はあえてこのタブーの〈外〉の世界に向かって開かれているのである。

すべての動物がこの分類法の各項目に分けられるとしても、それらすべての項目がhという一項目のなかに収められている。他のすべての項目がこの一つの項目のなかに収められるとすれば、その特異な項目そのものは一体どのように仕切られ、どのような空間に宿るのだろうか。それは他の項目と同じ分類平面（タブロー）の上にあるかと思うと、瞬く間にその平面の〈外〉へ逃れ去ってしまうという奇妙な戯れのなかにある。しかも、他の項目をすべて自分のなかに回収することによって、あらゆる項目をこの戯れのなかに逸失させてしまうのである。

各項目が「……と……」というかたちで列挙されるが、項目hは他の項目と並んで「……と……」というふうに列挙されえないものである。さまざまな動物がいかにも自然に「……と……」によって並置される。だが、それらが並置される「共通の空間」はこの特異な項目が生み出す戯れによって虚しく掘り崩されていく。

「共通の空間」の崩折れ、そこには、思考にとって空無なものがぽっかり口を開けている。この空無は思いがけないものの出会いが迸らせる詩的な美しいきらめきのようなものではない。それは、われわれの思考がある不可能な外部によって包囲されており、その外部を遠くに退けることによってはじめて営みの場を獲得している、ということを暗示しているのである。

考えなければならないのは、この思考の具体的な可能性の条件である。そこに見られるのは、われわれの思考を戯れから救い、安定させている、いくつかの禁止＝タブーの扉である。そしてその扉の裏側には、思考の空白（底の見えない混乱）が充満しているのである。

エテロトピアとユートピア

「中国の百科事典」において失われているものは、その上で異質なものが出会う、かの有名な「解剖台」（table d'opération）であるといってもよい。それは「共通の場」であり、そこで諸存在がその相似と差異によって分類され、秩序づけられるものである。たとえどのように「唐突な物」であれ、このような「共通の場」がありさえすれば、思考はそれらに対して分類と秩序づけの操作（opération）を行うことができるのである。それゆえ、ボルヘスのテクストが人を笑わせながら、注目しているのは、もっとひどい混乱である。

それは、いくつもの可能な秩序の諸断片が、法則もない、幾何学もない「混在的な次元」をなして交錯しあっているような、いわば底無しの混乱である。そこで事物は交錯する実に多様な座のうえに横たえられており、それらの事物を収容しうる一つの空間を見出すことも、それらの事物の下に共通の場を規定することも不可能なのである。

「理想郷」（ユートピア：utopie）は、実在の場所をもたない幻想の世界だとしても、不思議な均質の空間に花開くものであり、人の心をやさしく慰めてくれる。それは混濁し乱れた現実が疎外し、はるか彼方に投射する、均衡の取れた秩序と安楽の国である。だが、「混在郷」（エテロトピア：hétérotopie）は、「これ」と「あれ」を名づけることを許す共通の場を掘り崩し、それらの語と物をどうしようもなくもつれさせる。そこでは、言葉と物をともに支え、対応させる統辞法そのものがあらかじめ崩壊させられており、人を不安にさせずにはおかない。

「理想郷」は物語や言説を可能にするが、「混在郷」は言葉を枯渇させる。それは言葉を言葉自身の上だけに留まらせ、文法のあらゆる可能性に対して根源から異議を申し立てる。事物との対応を欠き、固有の統辞法もない、その不安な言葉の岸辺では、幸せな神話は解体され、文章が描く抒情の線分は不毛の海にさらわれて、消えていく。

失語症者のテーブル

フーコーによれば、ある種の失語症患者はこの不安な「混在郷」（エテロトピア）に住んでいるかのようである。彼らは台（table）の上に置かれた、さまざまな色の毛糸の束を、整合的なやり方で分けることができない。彼らに与えられた課題は、毛糸の束をその色の類似と相違によっていくつかの領域に分け、分けられたそれぞれの領域に名称を与え、一つのカテゴリーとして同定することである。ところが、彼らにとって、長方形の滑らかなテーブルの表面は、この分類と同定の操作を可能にする等質的で中性的な空間として役立たないのである。

彼らは、物がふつう配分され名づけられるなめらかなこの空間に、粒状で断片的なおびただしい小領域をつくりだし、そこでは、名もあたえられぬ類似関係が、物を非連続的ないくつもの孤島のなかに押しこめてしまう。つまり、彼らは、一方のすみにもっとも色あざやかな束を、べつのすみに赤い束を、さらにべつのところに手ざわりのよいもの、ほかのところにいちばん長いもの、紫がかったもの、あるいは球にむすばれたものというふうにおいていく。（渡辺・佐々木訳『言葉と物』）

しかも、台（table）の上のこうした分類も、できあがるとすぐにこわされてしまう。それらの分類を支えている同一性の幅があまりに広いため、行われた分類は常に流動的で、不安定なものにしかならないのである。病人たちは毛糸の束を果てしなく集めては引き離す。彼らはさまざまな同一性を設定し、異なった基準を重ね合わせる。そして動揺し、やり直し、不安になり、ついには苦悶の縁にまで達するという。

この場合、彼らには場所と名にかかわる共通の空間が失われている。失語症（アファジー：aphasie）において起こっているのは、この「共通の空間」の喪失、いわば失郷症（アトピー：atopie）に比せられる何かである。失語症において失われたものは「語の若干のストックではなくて、そのストックを使いこなす或る種の使い方」（メルロ＝ポンティ）といわれるが、この使いこなしの操作は、まさに語と物が出会う「共通の空間」を前提にしているのではないだろうか。

無言の秩序

物に名前（言葉）を与え、その言葉を用いて思考することが可能になるためには、物と言葉を支え、並べ合わせる一つの場が必要である。問題はこの思考の場が具体的にどのようなかたちを取り、そのかたちが歴史のなかでどのように変容していくのかであろう。

思考の下地となり、思考を支える根源的な場＝秩序となるものをエピステーメー（épistémè）という。それは抽象的な一般原理ではなく、歴史的な日付けにおいても、地理的な広がりにおいても限定されたものである。エピステーメーは西欧の文化や思考の台座となる無言の秩序をなしている。この秩序は物の集まりのなかにその内的な法則として与えられ、物が配置されるときの秘密の網の目として存在している。この無言の秩序は、眼差し、注意、言語といった基本的な格子を通して物の世界をひそかに仕切り、物の世界を言葉により思考可能なものとして実在させているのである。

一つの文化にはその特徴となる基本的な諸コードが存在している。それらの諸コードはその文化における言語、知覚の図式、交換、技術、価値、実践のヒエラルヒーなどを支配しており、一つの経験的な秩序を定めている。人びとはそれら秩序づけの諸コードを実際に使用することによって、自分がかかわり、そこに自分自身を見出す具体的で「経験的な秩序」を確認する。

また他方には、この経験的な秩序に対する反省がある。基本的な諸コードによって定められる秩序に対して学問的な反省が行われ、そこに一般的で「理論的な言説」が生み出される。こうして経験的秩序と学問的反省という二つの対極的な領域が構成される。この両極のあいだには、あの無言の秩序が横たわる物深い領域があり、考古学的な調査はこの無言の場に描かれる事物の配置や異動にこそ注意しなければならない。

文化は知らぬ間にある経験的な秩序から身を引き離し、別の諸コードが定める経験的な秩序へと移り行く。最初の秩序の透明さが失われ、文化はその秩序から脱け出していくのである。この変化の下地には、秩序の存在自体にかかわる生の事実がある。すなわち、移り行く経験的な秩序の下では、あの無言の秩序そのものが変容し、異動しているのである。経験の領域における変化は、この無言の異動によって引き起こされていく。また、さまざまな理論的言説が構築され、解釈が行われるのも、こうした事物の無言の秩序を実定的な台座とすることによってである。

エピステーメーの歴史性

エピステーメーは、「コード化された経験」と「反省的な認識」とのいわば中間に横たわっている。それは文化の基本的な諸コードや反省的な認識のかたちを無言のうちに支えているものである。それは一種の可変的な台座（table）のようなものであり、歴史のなかをさまざまな布置を描いて変化していく。歴史的な経験や理論的な反省はこうした台座（table）の上で行われるといってよい。考古学的な調査はこの可変的な台座としてのエピステーメーを明らかにし、その大きな変化や切断の過程を分析するだろう。

エピステーメーは決して抽象的な図式ではない。それは歴史的な実定性において存在し、別のかたちに変容していくものだからである。また、それは現象的に変化しても構造的な同一性を保持し続けるような関係の体系ではない。エピステーメーの歴史においては、決してあらかじめ用意された同一性のヴァリアントが現れるのではなく、分解とずれの累積による一種のカタストロフィを通して、トポロジカルな形態の変化、切断、異動が見られるからである。

フーコーは問う。たとえば古典主義時代の文法、博物学、富の研究、あるいは近代の文献学、生物学、経済学において展開される思考や認識は、一体どのような実定的台座の上で可能となったのか。そこで知はどのような秩序の空間にしたがって構成されえたのか。どのような歴史的アプリオリを下地とし、どのような実定性の基盤において、諸観念が現れ、諸科学が構成され、経験が哲学的に反省され、合理性が形成されることができたのか、と。

ここでは、人びとの思考や認識というものを、いわゆる科学の規範によって、つまり客観性を目指しての進歩の過程として描きだすというようなことは問題にならない。認識をその合理的な価値とか客観的な形式といった規準によって評価するのではなく、そういった規準の外にある、認識の存在様態そのものを見つめ直す必要がある。すなわち、明らかにしなければならないのは、認識がそこに自分の実定性の根を下ろしている場である。この認識論的な場としてのエピステーメーにおいて、認識はその実定性を獲得し、その具体的な可能性の条件となった一つの歴史を明らかにするだろう。

西欧文化のエピステーメー

フーコーが問題にするのは西欧のエピステーメーの歴史である。それは具体的にはルネサンスを含む一六世紀以降の西欧文化のエピステーメーを彼のいう考古学的な手法で調査するものである。

フーコーの考古学は西欧のエピステーメーが描く布置（configuration）と、その異動を調査する。すなわち、そこで調べなければならないのは、一時代の文化的な配置と凝集を示す同時性（simultanéité）の諸体系だけでなく、新しい実定性の発端（seuil）をもたらすような変動の系列である。

この考古学的調査が明らかにするのは、西欧文化のエピステーメーのなかに二つの大きな切断が存在することであった。一つは古典主義の時代のエピステーメーの端緒が切り開かれる一七世紀の中頃、そしてもう一つは西欧の近代性の始まりである一八世紀末から一九世紀初頭にかけての頃である。西欧文化のエピステーメーはこの二つの曲がり角において、その布置、その存在様態を大きく変容させていく。それは決して理性が進歩したということではない。事物の存在様態、そして事物を類別して知へ差しわたす秩序の存在様態が、根本的に変容したということである。

とりわけ重要なのは、人びとがそれを下地にして思考している無言の秩序、つまりエピステーメーは、古典主義時代と近代においてその布置、その存在様態が決して同じではないことである。もちろん、観念や主題のレベルにおいて、二つの時代にある種の疑似的な連続性が見られるとしても、それは表面的な現象にすぎない。一八世紀末から一九世紀初めにかけて、実定的な知の諸領域におけるエピステーメーの布置は大きく変わったのである。

狂気の経験、死と病と生命についての医学的経験が考古学的な分析に対して呈示しているように、そこに認められるのは、西欧近代の思考を古典主義時代のそれから分かち、隔てる境界である。この境界ないし断層を越えるとき、そこに「人間」（l'homme）と呼ばれる奇妙な知の対象が出現する。そして、その形象のまわりには人間諸科学（sciences humaines）が構成され、近代という新しい知の空間、そしてその知と相関する権力の空間が開かれることになる。

第二章　変貌するエピステーメー

はじめに

フーコーの「知の考古学」は歴史的な思考の場（言説の領野）がどんな布置をとって変貌していったかを明らかにするものである。本章では、ルネサンス以降における、西欧文化のエピステーメーの歴史が問題となる。フーコーの考古学的な調査に対して、西欧文化のエピステーメーはどのような配置を描き、どのような断層を呈示するのだろうか。これを三つの局面を設定して見ていくことにしよう。

第一の局面は、一六世紀、ルネサンスにおけるエピステーメーについて、その基本的な配置と、それが変容の過程に入る局面である。ここでの主人公は「ドン・キホーテ」である。人びとは彼の哀れな狂気をただ笑うだけではすまないだろう。

次の局面では、一七、一八世紀にわたる、古典主義時代のエピステーメーが問題となる。ここでは、古典主義時代の思考の空間を図解するベラスケスの絵画「侍女たち」を分析する。ここでの主人公は可愛い王女マルガリータ姫だといいたいところだが、実際には絵画そのもの、その自律した「表象の空間」それ自身である。

最後に、エピステーメーが古典主義時代から一八世紀末以降の近代性へ「移行」していく局面を扱う。ここでは、生物学、経済学、文献学の誕生、そしてサド侯爵の物語を見ていく。この移行によって登場し、近代のエピステーメーを本質的に規定するのが「人間」である。

I　一六世紀、ルネサンス

交響する世界

最初に、考古学的な調査の対象となるのは、ルネサンス後期にあたる一六世紀西欧文化のエピステーメーである。この遠い時代に現れた知の特徴について、フーコーは次のように述べている。

一六世紀の末までは、類似（la ressemblance）が西欧文化において知を築きあげる役割を演じてきた。テクストの釈義や解釈の大部分を導いていたのは類似である。また、象徴のはたらきを組織化し、見える物、そして見えない物の認識を可能にし、それらの物を表象する技術の指針となっていたのも類似である。（『言葉と物』）

この時代、世界の諸要素は類似によって幾重にも交響しあい、世界はいわば自分自身に巻きつけられていた。「大地は空を映し、人の顔が星に反映し、草はその茎の中に人間に役立つ秘密を宿していた」のである。さまざまな物がさまざまな仕方で類似し、それぞれが類似関係によって結びつく。思考はその結びつきを次々に明らかにし、その結びつきのうちに認識を見出すのである。

一六世紀において「類似」(ressemblance) という関係にはきわめて多くのタイプがあった。たとえば友誼関係 (amicitia)、相等関係 (aequalitas)、契約、合意、婚姻、交際、和合、相似などの関係、あるいは共鳴、協調、連続、同等、相応、類似、連結、交合といった関係があり、それぞれがあるものと別のものとの「類似」をあらわしていたのである。もちろん、この他にも類似をあらわす概念はたくさんある。重要なのは、それらの「類似」にかかわる概念が交差し、重なり合って、知の産出を規制していたことである。

類似の様式

「類似」ないし「相似」(similitude) には、四つの主要な様式がある。

一、適合 (convenientia) ——場所が隣接していたり、何らかのつながりや合致が認められる物のあいだに類似が設定される。

(例)「天上の存在」／「地上の物」／「水中の魚」。(天空は大地に隣接し、大地は海に隣接している。)

二、競合 (aemulatio) ——場所や空間を超えて、互いを反映しあう物どうしが対置させられる。

(例)「人間の顔」／「空」。「人間の口」／「ヴィーナス」。(空もその表情をもつ。人間の口は愛の言葉を語る。)

三、類比(analogie)——物それ自体の可視的な相似よりも、物のあいだに認められる関係の類似が注目される。

(例)「星と空の関係」／「草と大地の関係」／「生物と地球の関係」／「ダイヤモンドと岩石の関係」。(いずれも前者が後者に含まれる関係である。)

四、共感(sympathie)——内的な誘発により、いかなる距離も、連鎖も、道筋もなく、一瞬のうちに類似が設定される。

(例)「惑星の動き」／「その星が支配する人間の運命」。「喪につける薔薇の花」／「悲痛な思い」。

こうした類似の様式によって、世界はそれ自身の上に折り重ねられる。世界は二重化され、自分自身を反映し、そのなかにさまざまな類似の連鎖がかたちづくられる。思考の任務は、この類似の連鎖、相似の道筋を発見し、意味ある何かを明らかにすることである。その道筋を見出すためには「外徴」(signature)を読み取ることが必要である。世界に散らばるこの「外徴」を見出し、解読することによって知は獲得されるのである。

言語としての世界

ここでは、植物の性質を知るのに、その外皮をいくら調べてみても無駄である。むしろ植物がもっている「外徴」を解読しなければならない。その外徴＝記号を通して、その植物が宿している神の影と姿、あるいは天がその植物の本性として与えている内的な美質が認知されるからである。

たとえば、「トリカブト」は「人間の眼」と類縁関係があり、眼病に効くことが知られている。なぜなら、そのことを物語る外徴＝記号がトリカブトのうちに完全に読み取れるからである。トリカブトの種子というのは白くて薄い膜のなかに黒っぽい小さな球がしまいこまれており、その薄い膜は眼球に対するまぶたの位置を占めているからである。

この時代において、世界の物は「類似」のさまざまな様式にしたがって配列されており、知はこの様式を探求する。物の意味を求めるとは、互いに類似している物を明るみに出すことである。それが物を解釈することなのである。また、記号を支配する法則はさまざまな類似関係のなかに与えられるのだから、これもまた互いに似ている物を発見することを通じて獲得される。それゆえ、記号学と解釈学はその認識と技術において、相似という形式のもとで互いに重なり合うことになる。つまり、諸存在の文法は同時に諸存在の解釈（釈義）でもあったのだ。

物の性質、物の共存、物の連鎖、こういったことは物の類似関係そのものによって説明される。この類似は世界に張りめぐらされた外徴＝記号の網の目のなかにしか現れない。それゆえ、物のあいだに何か意味ある解釈学上の関係が構成されているならば、それは同時に記号学が求めている記号の統辞法を構成するものでもある。世界の物はその外徴＝記号を通じて語っている。世界とはこの外徴＝記号がつながりあって、互いを中継し、反映しあう一つの織物、テクストなのである。

世界としての言語

一方では、物それ自体が言語として横たわっている。それでは言語そのものはどうなっているのか。言語はというと、それもまた解読すべき物として人間に呈示されている。そこで、言語は一個の自然物のように扱われうるし、事実そのようなものとして世界の一部をなしている。言語の諸要素は、動物、植物、あるいは星と同じように、それ自身の連関と適合の法則、それ自身の必然的な類比の関係をもっている。フーコーによれば、P・ラムスに見られるように、一六世紀における文法の研究は、自然の学や秘教的な学問と同じ認識論的な配置をもって進められたという。

その本源的な形態において、つまりそれが神によって与えられたとき、言語は物と十分に合致し、それが指示する物のうえにしっかりと刻印されていた。力が獅子の体に、王者の威厳が鷲の眼差しのうえに書き記されているように、それは絶対に確実で透明な記号であった。だが、やがて言語は分化し、その透明さを失っていく。言語はそれが名指す物に対してもはや直接には類似しなくなる。

しかしながら、言語は世界から切り離されてしまったわけではない。それはさまざまな相似の関係、類比の関係を通じて世界とつながり、世界を映し出す。一六世紀末から一七世紀初めに現れた百科事典の企てはまさにここから生じる。それは人が知っていることを言語という中性的な場に反映させようという試みではない。そこには後代の百科事典におけるような、アルファベットの順序による項目の効果的な配列――アルファベット自体を素材とする国語辞典は別であるが――は見られない。この時代、語の連鎖と配列は世界の秩序そのものを再構成するようなものでなくてはならない。

世界そのものによって指定される隣接関係、類比関係、従属関係のかたちにしたがって、書かれたテクストの内容は配置される。これらの百科事典では、アルファベットという恣意的な順序ではなく、世界の現実の秩序に呼応して、円環状に、あるいは樹木状に、知識が空間化して配列されるのである。おそらく言語と物に共通の空間があり、そこで言語と物がしっかりと絡み合っているからである。

書かれたものの優位

一六世紀の知においては、言語と物が共通の空間で互いに混じりあい、つながりあい、それが知られるべき世界となっている。この事実は、書かれたものの絶対的な特権と優位を前提にしている。なぜなら、書かれたものにおいては、「見られるもの」と「読まれるもの」、あるいは「観察されたもの」と「人伝てに聞いたもの」とが区別されず、その結果、視線と言語が無限に交錯する滑らかな連続面が構成されるからである。

たとえば、イタリアの学者アルドロヴァンディ（Ulisse Aldrovandi：1522-1605）の『蛇

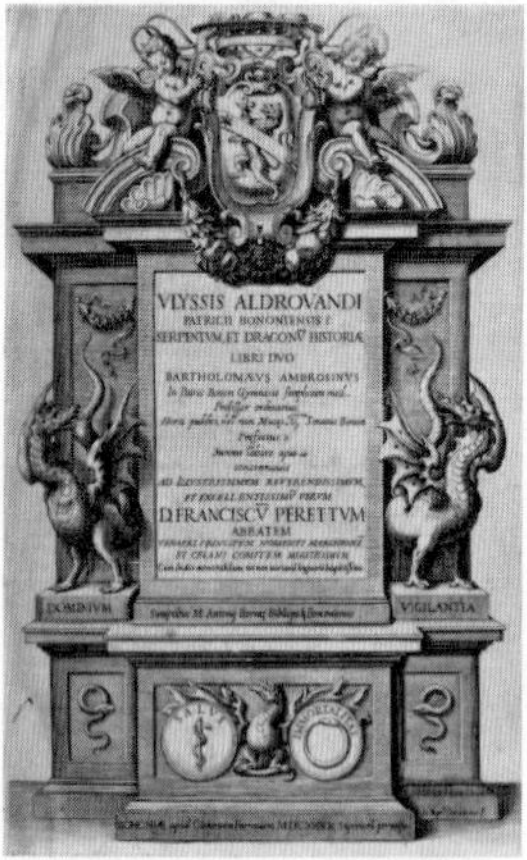

アルドロヴァンディの『蛇と竜の話』：著者没後の1640年版

と竜の話』では、観察による正確な記述と又聞きの引用やつくりごとが同列に並べられている。その文章は蛇の解剖学的構造、蛇の紋章、棲息地、神話学的な価値、その医学や魔術における用途などを区別せずに記述している。それは後の時代から見れば、雑然たる混同の世界にしか見えないかもしれない。だが、こうした交錯が可能な知の空間ないし思考の場がこの時代には開かれていたのである。物が言語であり、言語が物であるような、したがって両者の際限のない交錯のくり広げられる世界が存在したのである。

この交錯する世界の前提となった、「書かれたものの優位」はルネサンス全般を支配したものである。それは印刷術の出現、東方の写本の伝来、音読や上演を目的としない文学の登場、宗教上の原典解釈の重視といった事実を背景にもっている。これ以降、西欧において言語は書かれたものであることを第一義とするようになる。

もう一つ重要なのは、この書かれたものの優位において、あらゆる言語活動が果てしなくくり返される注釈によって二重化されていったことである。書かれたものという形態において、テクストはその注釈を呼び、その注釈がさらに注釈をもたらす。知ることとは言説を言説に関連づけることであり、注釈という第二の言説を生じさせることである。ここでは相似するものを認識するという、必然的に終わりのない任務が思考に課せられる。

こうして言説は無限に増殖していく。だがそれは、人が読み、解釈する言語の下に根源的なテクストがあり、その原初のテクストに接近するためである。解釈の増殖はこの原初のテクストの支配下にある。その第一義的なテクストは世界そのものといってよい。一六世紀の言語の経験はこの基底となる世界＝テクストと解釈の無限性とのあいだに収まることになる。

新しい配置に向かって

一六世紀における記号は三元的な体系をなしていた。記号とはある物によって不在の別の物を喚起する働きであるが、この場合、喚起は両者の外的な特徴が類似していることによって生じる。ここでは、能記（signifiant）はいつもその指示物と類似し、ほとんど同じようなものであるという意味で、その指示物の「標識」（marque）ということになる。ここでの記号の構造は次のようになるだろう。

①標識（marque）——物のうえに認められる外徴
②内容（contenu）——標識によって示される概念
③類似——標識をその指示物と結びつける関係

たとえば先のトリカブトの例で考えると、この関係は次のようになるだろう。
①標識――トリカブトの種子の特徴的な形状
②内容――人間の眼と密接に関係している（眼病に効く）という概念
③類似――トリカブトの種子を人間の眼と結びつける関係

だが、ルネサンスの終焉とともに、この三元的な配置は消えていく。新たに二元的な配置をもった記号が現れる。一七世紀以降、記号は「能記」（signifiant）となる観念と「所記」（signifié）となる観念の結合である二元的な体系となるからである。

重要なのは、標識とその指示物の紐帯であった直接的な相似関係が消失することである。諸記号は類似によって連関する物の世界から離れ、それ自身に内在的な秩序と整合性をもった空間を構成するようになる。すなわち、物の世界と区別される、純粋な「表象」の空間が成立することになる。思考はこの表象の空間がもつ秩序、尺度を明らかにするものとなる。

ドン・キホーテの狂気

思考にとって新しい時代、すなわち古典主義時代の開幕を告げるのは、セルバンテスによるあのドン・キホーテ（Don Quijote De La Mancha　一六〇五年）の悲劇である。彼は貧しい郷士の身の上であるが、英雄的な騎士に成らんとして「世界」を放浪し、力の限り奮闘する。そのために彼はたえず「書物」を、行動の掟を定めている古い英雄譚（騎士物語）を参照する。

ドン・キホーテはルネサンスの物と言語が類似によって交錯する平原に生きている。彼の冒険のすべては「世界」と「書物」の相似関係の探求である。どのようにわずかな類比でも、その外徴に気づき、それを標識として解読しなければならない。

実際には羊の群れ、街道宿、その女中、といった凡庸なものにしか出会っていないとしよう。だが、それらがごくわずかでも軍勢、城、貴婦人に似ているならば、彼が物語で読んだ型どおりに、それらの凡庸なものは疾駆する軍勢、名高い城、そこに住む姫君が織りなす、英雄的な書物の言語となりうるのである。彼はこれらのものを相手に自らの英雄譚をくり広げることになる。

なぜというに、この人は、いかなる時間にも瞬間にも、想念を、騎士物語に出ている合戦、幻術、椿事、狂態、恋慕、挑戦といったようなもので充たし、語るところ、考うるところ、なすところをことごとく、そうしたものに結びつけたからだ。（永田寛定訳『ドン・キホーテ』正編(二)）

だが、このように錯綜した行為が可能になるのは、あくまでも類似によって物と言語が緊密につながっている空間においてである。もし、この類似がぼやけ、言葉と物、語られるものと見える物が区別されない、あの空間が消えてしまったなら、彼の行為はもはや思考不可能なものになってしまう。

実際、彼は女中と約束していた男になぐられて口中血だらけになる。また、羊飼いの男たちには石をぶつけられて、歯を折り、あばら骨をへこまされる。英雄譚は幻滅に終わり、彼の行為は狂気の沙汰あるいは物笑いの種にしかならない。今や相似は人をあざむくものになる。そして自然と書物を一続きのテクストとして解読した博識も、一種の妄想のように退けられるのである。

最後で、最初

人は『ドン・キホーテ』を中世的な「騎士物語」にかぶれた者を風刺し、その愚かさを批判する書物、その意味でまことに新しい文学作品と思っているかもしれない。あるいは逆に、それが騎士道を完全に純化した、最後の「騎士物語」であるというかもしれない。実際、そうした議論の背景として、ルネサンス期には荒唐無稽な「騎士物語」のジャンルが流行し、俗衆をとりこにしていたという事情がある。

だが、問題は作品の荒唐無稽な内容にあるのではない。作品がそうした内容をどのような一貫性のもとで思考しているかが重要なのである。その思考の場が一貫して「語るところ」と「なすところ」を類似によって結びつけるとするなら、それはやはり一六世紀的な知の様式に属し、それを最後まで煮詰めた作品ということになろう。

しかしながら、『ドン・キホーテ』第二部（一六一五年）において不思議な逆転が起こる。第二部で、ドン・キホーテはその第一部を読んだという人物——得業士のサンソン・カルラスコなど――に出会うからである。そこでセルバンテスのテクストは自分自身の上に折り重ねられ、自らの物語に含まれる書物となる。ドン・キホーテの遍歴の物語は書物のなかに開けた不思議な空間に封じ込められ、書物のなかにだけ存在する書物となるのである。今や『ドン・キホーテ』において、書物は書物自身に準拠しており、書物の外部にある世界からゆっくりと浮遊する。

　ドン・キホーテの冒険は、初めは騎士物語という書物に準拠して展開し、次いで自らの登場人物によって読まれたものとして書物自体のなかに含み込まれてしまう。それは端から端まで書物のなかにある書物であり、物がもっている実在の厚みのない書物である。この浮遊し、自律する書物のなかでのみ、ドン・キホーテは狂気の汚名から解放され、自分自身の現実に到達する。すなわち表象として自律する言語の空間のなかにのみ存在する現実に到達する。

自室で左手に書物、右手に剣を持ち、妄想を膨らませるドン・キホーテ

　それゆえ、ドン・キホーテの真実は言語と世界との関係のなかにあるのではない。もし、そうだとしたら、彼の真実というのは明らかに錯乱している。それは妄想と錯覚の連続になるだろう。だが、そうではなくて、彼の真実はただ言語という標識のみによって織

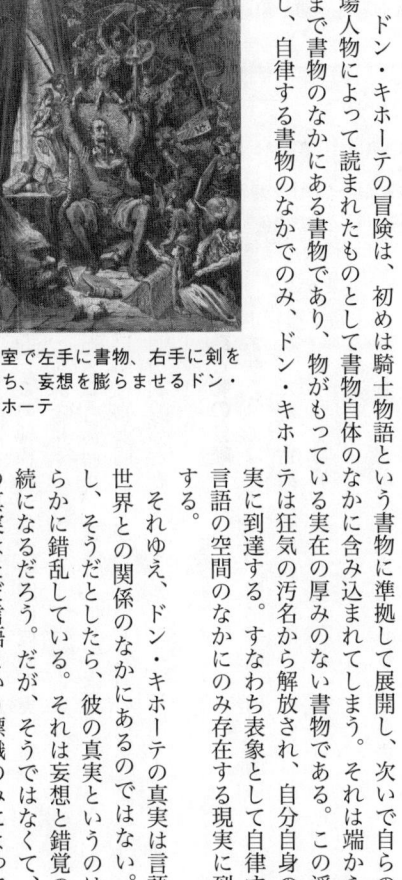

［ルネサンス］言語と物は同一のレベル、同じ地層で交錯する

（言語）〜（物）〜（言語）〜（物）

［古典主義時代］言語は表象として物の世界から自律する

［（言語）〜（物）の地層から言語が脱け出し、独自の存在（être）をもつ］ → 表象の秩序／自然の秩序

りなされる空間にある。自律した言語の力によってのみ存在する空間、この純粋な表象の空間に彼の真実は宿っている。

この意味では『ドン・キホーテ』は古典主義時代の最初の作品である。この時代、言語は世界の一形象であることを止める。言語は物と同じ実在性や、物との旧い類縁関係を脱け出して、自分自身の存在（エートル：être）に回帰するのである。

言語と物の分離

ルネサンスでは言語と物が同じ平面、同じ地層で互いに絡み合っていたが、古典主義時代になると、この画一的な地層は消えていく。両者は異なるレベルに分離され、言語はそれ独自の空間を形成するようになる。

言語はもはや書かれた「物」であることを止め、物の実在する世界から切り離され、純粋な「表象」の空間として浮かびあがるようになる。

言語と世界の奥深い帰属関係は解消される。書かれたものの優位は中断される。こうして、「見られるもの」と「読まれるもの」、可視的なものと言表可能なものとが際限もな

く交錯していた、あの一様な層は消えていく。物と語は切り離されていくだろう。眼は見るため、しかもただ見るためだけのものとされ、耳もただ聞くためだけのものとされるだろう。(『言葉と物』)

言語は実在する物について語るが、それが語るもの以上の何物でもない。それは物の世界の透明な表象（代理：représentation）であって、かつてのようなそれ自体の実在をもたなくなる。問題はこの「表象の空間」がどのような秩序と整合性に従い、どのような思考の場をなしているのかを知ることである。

II　侍女たちのいる空間

王女の運命

フーコーによれば、古典主義時代における表象のシステムを見事に図解しているのが、ベラスケスによる絵画『侍女たち』(Las Meninas　一六五六年）である。その絵は古典主義時代の表象のシステムの自律性を物語っているものとして解読できるというのである。

作者のディエゴ・ベラスケス（Diego Velázquez）は一七世紀スペインの宮廷画家である。彼は国王フェリペ四世とその家族の肖像を数多く残したが、この絵もその一つである。見たところ、絵の主人公は侍女たちに付き添われ、画面の前景、中央部に立っているマルガ

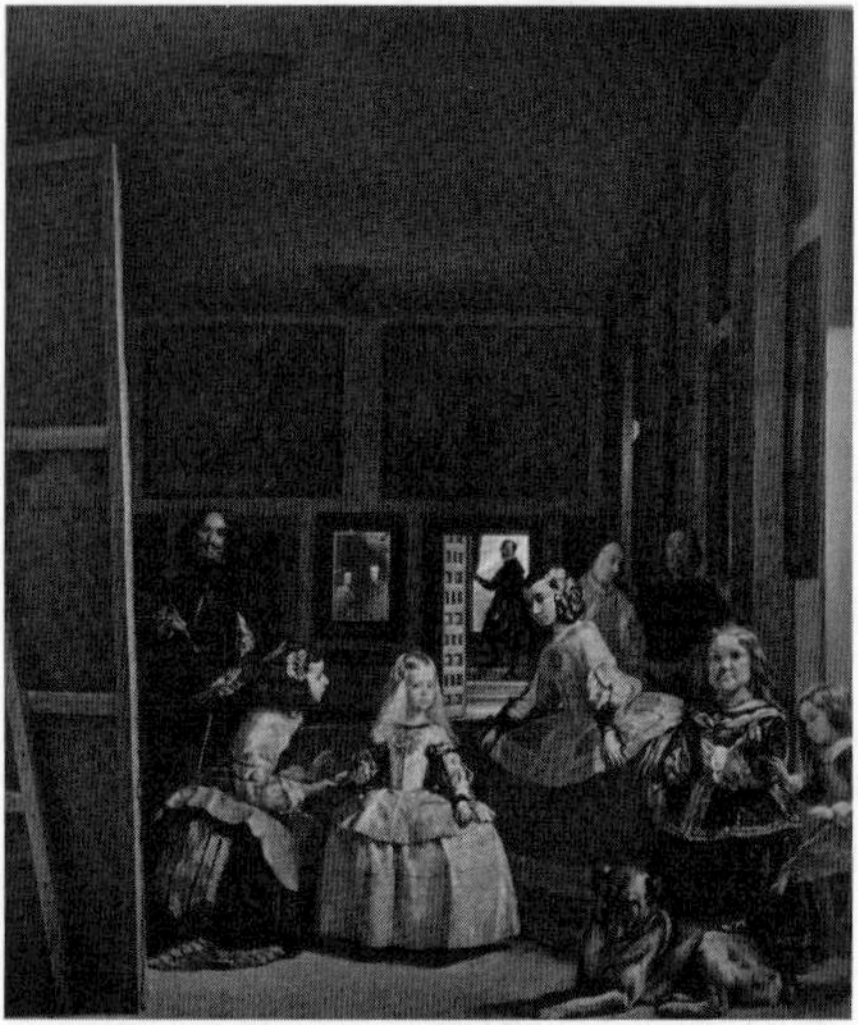

ベラスケスの『侍女たち』（1656年）

リータ姫のようである。ベラスケスはその晩年にマルガリータ姫の肖像を何枚も描いているが、この作品はなかでも最高傑作といわれるもので、マドリードのプラド美術館でも特別待遇のように展示されている。

　マルガリータ姫は一六五一年に生まれている。このときベラスケスは五二歳であった。彼女が一一歳のとき、ウィーンの神聖ローマ帝国皇帝のレオポルド一世と正式に婚約が整い、一五歳のときに結婚する。ベラスケスが描いた彼女の幼い肖像が三枚、今もウィーンの美術史美術館に残されている。これらの肖像は、お見合い用としてウィーンに送られたのではないかといわれている（朝日文庫『世界名画の旅』4）。

　そのうち『ばら色の服のマルガリータ姫』は彼女が二、三歳の頃のもの、『白い服のマルガリータ姫』は五歳頃で、いずれも正装した姿のなかに、王女のまだあどけない様子がうかがえる。『青い服のマルガリータ姫』は八歳頃の肖像で、そこには幼いながらも威儀を正し、凛としたプリンセスの姿が見える。『侍女たち』に描かれたマルガリータ姫は、ほぼ『白い服のマルガリータ姫』の頃になるだろう。

彼女は結婚後、自分の面影をとどめる幼い娘を残し、二一歳の若さでこの世を去ってしまう。

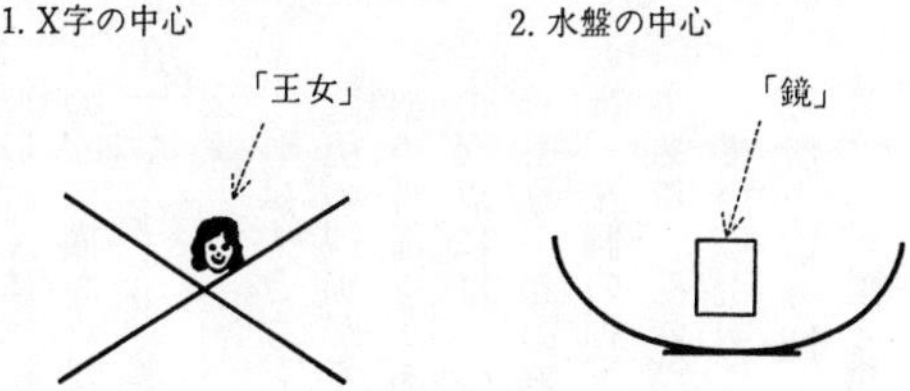

侍女たちの構図

さて、『侍女たち』はベラスケスが絵を制作しているところを描いた作品である。場面はスペイン国王フェリペ四世の宮廷の一室であろう。ベラスケスが国王夫妻の肖像を描いている現場に、小さな王女マルガリータ姫が侍女たちを伴ってその様子を見に来たところである。

絵のなかの登場人物は、画家であるベラスケス自身と、王女、傅《ふ》育《いく》掛、侍女、廷臣、小人などがこちらを見ており、犬が傍らに座っている。画面の奥の方の壁には長方形の鏡があり、そこに国王夫妻が映っている。また、鏡の右側には戸口があって、その扉は開かれ、そこから階段のついた回廊が始まっている。その明るい階段の、戸口近くには一人の訪問者が立ち止まってこちらを見ている。

この絵に描かれた人物や視線の配置について考察しながら、フーコーは、そこに「二つの形象」（X字と水盤）を見出すことができるという。

一つは大きなX字形となるだろう。Xの左の頂点には画家の視線があり、右の頂点には廷臣の視線がくる。左の下端には、裏返しの状態で描かれた画布の隅（より正確には画架の脚部）があり、右側に小人（犬の背中に乗せられた彼の靴）がいる。この二本の線の交点には、つまりXの中心には、王女の視線がある。

もう一つの形象は、むしろ大きく広がった曲線を描くものとなるだろう。その両端は、左側の画家と右側の廷臣とによって定められる、後方の高い位置にある二つの端点である。その湾曲部はずっと前に張り出し、王女の顔に、そして傅育《ふいく》掛の女が王女に向けている視線に一致するだろう。このなめらかな曲線は、画面の中央で、鏡の置かれた場所を取り囲むと同時に解き放つような、一個の水盤（vasque）を描きだすのである。（『言葉と物』）

疑わしい点

この絵には、見たところ二つの形象、したがって二つの中心がある。一つはXの中心にいる「王女」であり、もう一つはあの水盤の窪みの部分にある「鏡」である。王女は鏡より手前に立ち、鏡は彼女の顔よりもやや高いところにある。

　この二つの中心点から、それぞれ画面を奥行きの方向に沿って貫く線分を考えてみよう。二つの線分はわずかな角度の差をもって走っており、前方へ向かっては画面を飛び出し、絵の手前、われわれ鑑賞者が絵を見つめている場所で交わることになる。この交点は絵の外部にあり、われわれの眼に見えないという意味で「疑わしい点」(図のS)である。だが、絵を構成する主要な二つの形象によって指定され、また絵から出ていく、隣り合った他の線分によっても確証されるという意味では「完全に規定された点」でもある。

　絵の外部にあると同時に、絵のコンポジションのあらゆる線分が指定する、この点(S)は一体どんな場所であるのか。それは画家や王女をはじめ登場人物たちすべてに見つめられる点であるが、逆に、絵そのものを一つの場面として見つめている視線の場所でもある。それは鏡が映し出しているように、至高の君主(souverain)とその妻が立っている場所である。

　これこそコンポジションの「まことの中心」である。この絵に登場する一同は国王夫妻に相対し、晴れ着姿の姫君も夫妻の眼に対して示されている。絵における視線の配置、そこに描かれたあらゆる表象関係はこの国王夫妻のまわりに秩序づけられているの

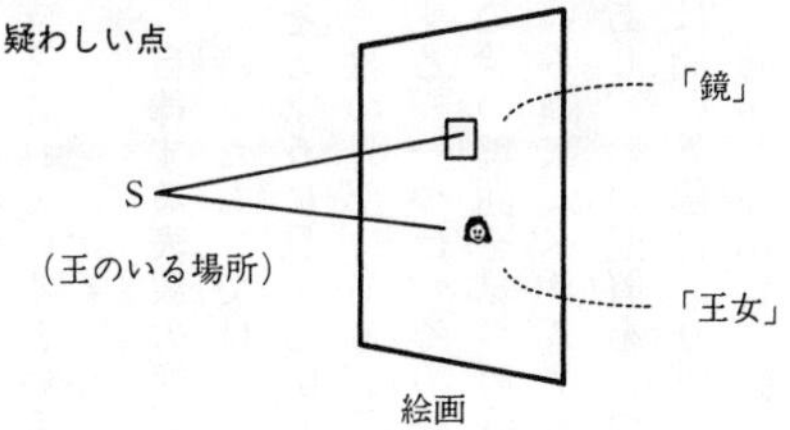

である。絵のなかのあらゆる表象は、絵の外部にある至上の一点、この不在の中心によって支えられているといえよう。

自律する表象の空間

『侍女たち』では、人物を含め、あらゆる表象が描かれているのは、それらが王の場所からそのように見える限りにおいてである。

絵の外部にある、この王の場所、この不在の中心には実は「三つの視線」が重なって存在する。一つは、その絵の場面が想定しているモデル（国王夫妻）の視線である。二つは、その絵の場面を見つめる鑑賞者（われわれ）の視線である。そして最後に、その絵を創作している画家（ベラスケス）自身の視線である。一方で、これらの視線は完全に実在的なものであり、絵の配置を、つまりその表象関係の秩序を決定している。だが他方で、それらの視線は絵の外部にあり、不可視なものである。

しかしながら、絵の外部にあるこれらの視線は、それぞれ絵の内部に投射され、回折され、絵のなかに表象される。すなわち、画面の奥にある「鏡」には国王夫妻の不動の反映＝表象があり、戸口に立って国王夫妻を見つめる「訪問者」はわれわれ鑑賞者を表象している。画面の左側でパレットを手にした「画家の姿」はベラスケス自身を表象している。こうして絵の外部はそっくり絵の内部に投影され、表象されてしまうのである。

〈絵の外部〉		〈絵の内部〉
モデルである国王夫妻	→	鏡のなかのその反映
われわれ鑑賞者	→	戸口に立つ訪問者の姿
ベラスケスその人	→	パレットを手にした画家の姿
「絵の外部」の視線	〈表象〉→	「絵の内部」の視線

奇妙な鏡

絵の外部にいる人たちの視線（表象作用）は、絵の内部に描かれた模像たちの視線（表象作用）に投影され、表象される。それでは、この外部にいる人たちの視線が表象するもの、つまり視線の対象はどうなっているのか。

まず、画家の視線には、自分の模像が写しとっているモデルの姿がこの絵のなかには欠けている。次に、王の視線には、画布の表面に写しとられている自分たちの肖像がこの絵のなかには見えない。最後に、鑑賞者の視線には、自分が割り込んでいる場面の中心である国王夫妻の姿がこの絵のなかには見えない。これらの視線はいずれも自分が目指す対象を画面のなかに欠いているのである。

だが、この見えないものを補って映し出すものがある。それがあの奥の壁に掛けられた

「鏡」である。鏡のなかには国王夫妻の不動の姿が映し出されており、この反映＝表象が各々の視線に欠けている対象を補い、回復させるのである。この意味ではいかにも親切な鏡であるといえよう。

しかし、よく見ると、その親切さも実は一面的なものである。その鏡は、他にも見える可能性があるものを隠しているからである。鏡には、たとえば絵の前にいるわれわれ鑑賞者が映し出されてもいいし、また、そこが芸術家のいた場所でもある以上、ベラスケス自身が鏡に映っていてもよいはずである。だが、ベラスケスは絵をそのように描きはしなかった。つまり、これらの形象は排除され、国王夫妻だけがそこに映っているのである。

彼は「鏡」の反映の機能をきわめて限定して用いたのである。そして、反映の機能がこのように限定されたことが重要である。確かに画家と訪問者が画面の左右に現れる以上、彼らは鏡のなかに宿ることはできない。他方、国王夫妻が鏡のなかに映し出されるのは、彼らが画面のなかには直接に現れないからである。だが、これは絵の構造からして当然のことであろう。誰にせよ、画面のなかのこの鏡に映るためには、画面の外に出ていなければならないからである。

問題は、「鏡」が他でもない国王夫妻を選び、国王夫妻を映し出していることの理由である。

閉ざされた表象のシステム

絵の内部に描かれた視線と、絵がそこに置かれている、絵の外部の視線の状況とを考えてみよう。まず、絵の内部には、左手にパレットをもった画家、鏡のなかの国王夫妻、戸口の訪問者、といった三つの視線の配置がある。他方、絵の外部には、画家であるベラスケスその人、モデルである国王夫妻、われわれ鑑賞者、といった絵を規定する三つの視線がある。

すでに見たように、外部にある視線は、絵のなかにすべてを見ることができるが、ただ一つだけ肝心の対象を見出すことができない。絵の内部にはそれらの視線が目指すべき国王夫妻の姿がないからである。それらの視線は行き先に困り、危うく宙吊りにされかかる。そこで、この欠如は鏡のなかの国王夫妻の反映＝表象によって代補され、視線はやっと安定するのである。

それでは絵の内部にある視線はどうか。それらの視線はいずれも国王夫妻を見つめているが、国王夫妻は画面のなかにはいない。このままでは、これらの視線は絵の外部に国王夫妻がいる場所を見つめ、その外部にある超越的な一点に支えられるしかない。だが、そうだとしても、国王夫妻はいつその場所を去るかもしれない。そこで、この外部の支点は奥まった鏡のなかに投影され、反映＝表象というかたちで永遠に固定されている。こうして視線の行き先は絵の内部に回帰する。内部の視線もそれらが目指す対象を絵のなかの反映＝表象を通して確保することになる。

このように、いずれの視線も外部の中心である国王夫妻そのものによってではなく、鏡のなかのその反映＝表象によって支えられることになる。外部の支点は鏡によって絵の内部に投射され、表象されることにより、絵を構成する視線の秩序を絵の内側から支える。視線はいずれも絵の内部に回帰し、絵の内部で戯れあうことができるのである。

絵はその外部から独立し、それ自身の内部に充足する。鏡の反映の機能があのように限定されたのは、まさに絵を構成するあれらの視線を絵そのもののなかに封じ込め、絵を一つの自律した表象の空間として閉じるためであったのだ。ドン・キホーテがついに書物のなかに入り込み、自分を一冊の書物にしてしまったのと同じことが認められるわけである。

王の不在

「モデル」の視線、「画家」の視線、「鑑賞者」の視線——これらの視線が絵画をめぐる表象関係を構成している。絵画とはこうした三つの視線に支えられて存在するものである。だが、『侍女たち』では、これらの視線（の主体）はそっくり絵の内部に投影され、永遠に表象されている。したがって、それらの視線の主体が現実に省略され、不在であっても、この絵は十分に存在しうる。それは自分で自分を支えるのである。

絵の外部における主体の省略だけではない。絵のなかの視線が見つめている至上の客体——絵の外部に立っている国王夫妻——も不在であってかまわないのである。『侍女たち』の画面のなかには、この至上の客体、つまり国王夫妻の姿は直接には見えない。画面に王は不在である。だが、そのゆえに、王は画面にある鏡のなかに自分を反映させることができる。この鏡の反映によって至上の客体が絵の前を立ち去っても、なお、生ける厚みのない、

（a）[超越者の支配する空間]

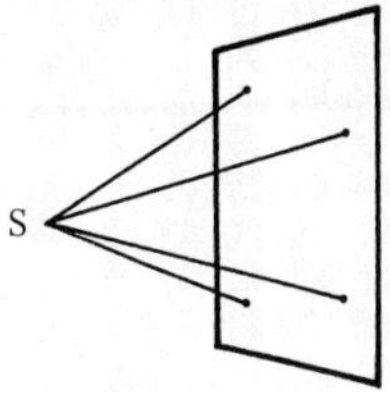

S＝王は超越的な主体として表象の空間を外部から直接支えている。

（b）[自律する表象の空間]

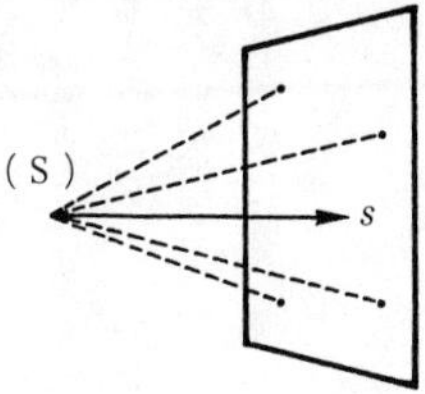

S＝王はその場所に不在である。表象の空間は王という支えを鏡像＝反映（*s*）として取り込み、この内部化された支点によって内側から自分を吊り支えている。

（c）[近代の空間]

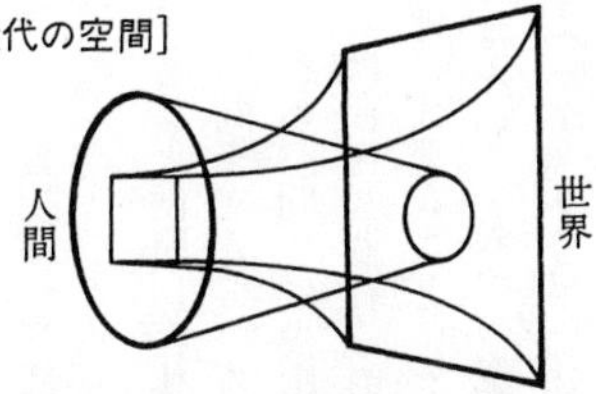

一方で、人間は超越的な王の場所に現れ、主体として世界を構成する。だが他方で、人間は身体をもって世界に内属し、世界によって規定され、制約されている。人間と世界は互いに他方を含み込むという関係にある。

その冷たい表象は永遠に残っていることになる。

かくして絵はその外部から離れ、自分自身の力でゆっくりと浮かびあがる。王宮に夜が訪れ、その絵の前にある王の場所には、モデルである国王夫妻も、画家も、鑑賞者も誰もいなくなったとしよう。それでも、この絵は彼らの視線が交錯するただなかに存在することを止めはしないのである。

古典主義時代において、表象の主体であると同時に客体である特権的な形象、それは「表象の空間」の外部に立って、この表象の空間を支えているように見える。しかしながら、この特権的な形象は鏡の反映によって「表象の空間」に投影されることにより、それ自身がたとえ不在になっても、表象関係そのものは存在し続けるのである。

「表象の空間」はその外部に立つ王（神の代理人）という超越的な他者によって吊り支えられているように見えるが、実はそうではない。「表象の空間」は王が不在であっても、存在するようになっているのである。それが「表象の空間」の自律性である。だが、この自律性は完全無欠なものではない。見方を変えれば、王は不在というかたちで確保されているからである。鏡に映っている以上、王は一度はその場所に立ったのである。王は不在というかたちで「表象の空間」の自律性を見守っているとでもいえばよいのだろうか。

古典主義時代から近代へ

古典主義時代の表象の空間は両義的な構造をもっている。それは王あるいは神という超越的な主体の場所を必要とする。だが、その場所に王や神といった主体が君臨し、理性の空間を直接支配するのは拒むのである。その特権的な場所はいわば空席にされ、古典的理性による表象の空間は己れの自律性を獲得する。だがその超越的な場所は空席のまま威厳を保ちつつ、この「表象の空間」にずっと同伴し続けるのである。

古典主義時代の代表的な哲学者であるデカルトは、その第二省察で「われ思う、ゆえにわれ在り」といった。この場合、「われ在り」を支えるのは「われ思う」の遂行であり、決して神ではない。己れを表象する主体は自分で自分の存在を支えるのである。それは自律的な真理である。ただ、この「われ在り」の自律性、明証性を、神はいわば不在というかたちで見守っているのである。

デカルトは神の存在と霊魂の不滅を証明することを『省察』の課題としたが、その出発点で、「われ思う」という表象から「われ在り」という真理を導き出すことができた。だがそれは、デカルトにとって「われ在り」の現実性というのは、それが思考によって表象されてあることだったからである。つまり、懐疑主体である「われ」そのものが「表象の空間」の住人であったからである。この場合、「表象の空間」における神の反映＝鏡像は絶対的な理性であり、古典主義時代の思考はこの理性の秩序を探索し続けるだろう。

一八世紀末のカントになれば、このようなわけにはいかない。「われ在り」の現実性は「われ思う」という表象の空間の外に置かれる。「われ在り」は人間の生ける肉体の次元、欲望する身体の次元に固有の輪郭をもつからである。それは表象の空間に収まり切らない人間が実存しはじめたということである。表象の空間はその自律性を失い、人間の身体と相関するものとしてのみ、その現実性を保ちうるものとなる。そこに見出されるのは、もはや自律した透明な表象の空間ではなく、人間的実存の世界に対する働きかけによって成立する「現象」の世界である。

あの特権的な場所に超越的な他者ではなく、人間が現れ、表象の世界と具体的な相関関係に入るとき、新しい時代が始まる。表象の世界はこの人間の身体を通じて実在の世界と交錯するようになる。そのとき表象の純粋性は壊され、表象の透明な空間に収められていた「言語」も、「労働」も、「生命」も、人間の実存との相関で固有の厚みを回復することになる。

Ⅲ 「人間」の登場へ

古典主義時代の記号

古典主義時代には、言語というよりも、一般に記号そのものが新しい配置に従い、ルネサンスとは異なった働きをするようになる。

『ポール゠ロワイヤル論理学』において、記号は「能記」(signifiant) と「所記」(signifié) の結合であり、この結合は「表象」(représentation) の関係として設定される。この意味では、記号は能記/所記/表象という三元的な体系になっているようにみえる。だが、フーコーによれば、そこでの表象関係は能記そのもののうちに表象されており、記号は基本的には二元的な体系からできている。

①能記：所記となる観念を表象する／この表象機能そのものを表象する

②所記：能記によって表象される観念

要するに、能記が二重化されているのである。能記は、所記となる他の観念の代わりをつとめるとともに、自分がそのような表象機能をもっていること自体も表象している。つまり、能記とは自らを表象として示すような表象である。また、ここでは指示対象が記号の概念に含まれていない。能記／所記の表象関係はこの外部の世界から自律しており、所記はこの純粋な表象作用の内部に残余も不透明さもなく宿るのである。

ある表象が別の表象に結びつけられ、しかもそれ自身のうちにこの結びつきを表象するとき、その表象は「記号」となる。記号はこうしてあらゆる表象作用に同伴し、表象作用の全領域を覆うだろう。ここでは表象の分析と記号の分析は完全に重なり合うことになる。

このことは、古典主義時代の思考において記号がきわめて重要な位置を占めることを意味する。なぜなら思考の任務は「表象の空間」に固有の秩序や尺度を明らかにすることだが、それは具体的には、そのような秩序や尺度にもとづく「記号の表」をつくることによって達成されるからである。

秩序の分析

すべての表象は記号として互いに結びつけられ、全体として巨大な網目のようなものを形成している。そこで記号（＝表象）は記号以外のものへ回付されず、一つの閉じた、自律的な領域を形成している。記号の外部にある物、あるいは記号に先立つ意識、そういったものはこの自律した表象作用の空間に介入できない。それゆえ、記号の分析は記号の外側に向かうのではなく、記号のテーブルの上で、記号の内部で行われねばならない。それは記号自身がそのまま語っている意味の分析でなければならない。

ここでの意味とは、連鎖して展開する記号の全体に対応して存在するものである。それは諸記号の完全な「表」（タブロー：tableau）のうちに与えられる。この「表」が諸記号のさまざまな結合や分節によって固有の秩序ないし網目をもっているとき、その秩序ないし網目が意味を与えるのである。古典主義時代の思考は「記号の表」に内在するこの秩序を分析しようと試みる。ここで意味を求めるとは、物の類似を明らかにすることではなく、同一性と差異の配分である「秩序」を設定することだといえよう。

デカルトやライプニッツでは、この秩序のもっとも一般的な分析は「マテシス」（普遍数学：Mathesis）と呼ばれる。それは代数学を用いた計算によって相等性の秩序を設定するものであり、いわば単純な自然を対象としている。他方、複雑で具体的な表象の世界を対象とし、諸記号を用いて同一性と差異の配分である秩序を設定するのは「タクシノミア」（分類学：Taxinomia）と呼ばれる。タクシノミアは経験において与えられる表象一般を分類し、それらを記号の表のなかに体系的に配分する。

マテシスは相等性の計算によって、タクシノミアは同一性と差異の配分によってそれぞれ秩序を設定する。だが、そのような秩序の設定はいかにして可能なのか。この問題を考えるのが「発生論」（Genèse）である。発生論は、マテシスによる計算やタクシノミアによる配分以前の、物の無秩序な類似がひしめくように見える自然を分析し、そこに継起する諸表象がいかにして同時的な「表」の秩序にまで再構成されうるのかを分析するだろう。

「表」の空間

かくして、古典主義時代のエピステーメーは、そのもっとも一般的な布置において、「マテシス」「タクシノミア」「発生論的分析」によって分節される場となるだろう。経験的なすべての学問は、表象の網羅的な秩序づけと、表象の発生過程の分析を目指しつつ、その両極のあいだで、自らの認識を一つの体系として、「表《タブロー》」として展開したものとなる。

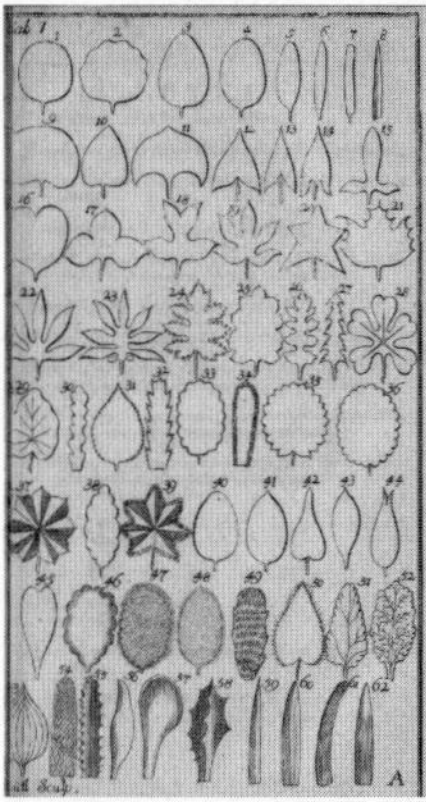

「表」（Tabula）による分類学の思考：リンネの『植物哲学』（1751：1755年）より

古典主義時代、西欧文化は「表《タブロー》」のかたちをした思考の空間を成立させる。この空間は与えられた表象の総体を明瞭に分節化する記号の「表《タブロー》」として描かれる。それがもっとも明瞭な形態で現れるのは、言語の理論、分類の理論、貨幣の理論においてである。すなわち「一般文法」（la grammaire générale)、「博物学」(l'histoire naturelle)、「富の分析」(l'analyse des richesses) といった経験的な科学の分野がそうである。

博物学は、自然の連続性と錯綜状態を秩序正しく分節化するための諸特徴（記号）についての学問である。富の分析は、富の交換を正当化し、等価関係の設定を可能にするような諸記号についての学問である。一般文法は、人間が個々の知覚を分離し、思考の流れをうまく裁断することを許す諸記号についての学問である。これらの学問はその経験的な領域を異にするが、それらが一般的な秩序の学に対してもつ関係は同じであり、同じ思考の様態に属している。

ここでは、自然の存在の分類である、博物学の空間について見ていくことにしよう。自然の記述が「博物学」という統一性を見出すためには、それを支える一つのエピステーメーが必要である。自然の雑録風の記述が見ていたものとは異なる、新しい可視性の場においてはじめて「博物学」が成立することになる。

博物学の空間

自然を対象とする「記述」(histoire) は一六世紀から一七世紀半ばまで多く見られる。ブロンの『鳥類の性質についての話《イストワール》』、デュレの『植物に関する驚くべき物語《イストワール》』、アルドロヴァンディの『蛇と竜の話《イストワール》』などの雑録的な記述がそれである。

これらルネサンス風の記述は、ある動物や植物について、その要素や器官がいかなるものであるかを述べると同時に、それと他の物との類似関係、その美質、それが登場する伝説や物語、それをあらわす紋章、それを材料とする薬剤、食物、それについて古代人とか旅行者が語っていること、そうしたすべてを記すのである。ここでは、物についての「観察」「記録」「寓話」という三つの次元が区別されずに記述されている。

しかし古典主義時代、一六五七年に出された、ヨンストンス（J. Jonstons）の『四足獣の博物誌』（*Histoire naturelle des quadrupèdes*）では事情が異なってくる。この著者が半世紀前のアルドロヴァンディよりも多くのことを知っていたというわけではない。ヨンストンスが馬について記述している項目はすべてアルドロヴァンディのなかにあったもので、しかもアルドロヴァンディはもっと多くのことを書いている。両者の本質的な差異はまさにヨンストンスにおける「欠如」のうちにある。

ヨンストンスでは、動物と絡み合っていたさまざまな語が取り除かれ、その解剖学的要素、形態、習性、誕生、死といった動物に固有の存在が現れている。つまり、博物学は語と物とのあいだの隔たりが生み出す、「表象」の空間に記述の場を見出したわけである。

表象の空間はそれ自身の秩序にしたがって分節化されている。博物学は物を名指し、分類するが、それは物がこの表象の空間に収まる限りにおいてである。表象の空間にある秩序にしたがって人は物を見るといってよいだろう。博物学とは「名指す」ことができる物を「見る」可能性なのである。

たとえばルネサンスでは珍奇な動物は「見世物」であり、それが姿を見せるのは祝祭、闘技、現実または架空の闘い、伝説的な物語の再現などにおいてであった。他方、古典主義時代では標本陳列館や動植物園が次々に設けられる。これらの施設は、かつて輪を描いて回った「見世物」の行列を、「表《タブロー》」のかたちをした展示様式に置き換えてしまう。だが、新しい時代のほうが知識欲がより旺盛ということでは決してない。根本的に変わったのは、物を視線と言説の双方に結びつける仕方、つまり「記述《イストワール》」の仕方なのである。動物園や植物園というのはまさに「表象の空間」である。この新しい施設には、動物や植物が表象的な「言説の秩序」にしたがって配分されている。人はそこで個々の動物や植物を見るが、同時に動植物がそのなかに表象され、配分されている秩序を見ているのである。

構造と特徴

博物学において、観察とはある種のものを体系的に除外することであり、この排除の操作を通じて認識が得られる。伝聞の排除、そして味や風味、触覚が排除され、専ら「視覚」に特権が与えられる。とはいえ「視覚」のすべてが利用されるわけではなく、色彩は除かれる。博物学的な視線の場とは、線、表面、形態、凹凸によってできた、いわば灰色の世界である。光学器械、顕微鏡といえども、この制限された視線の場を突破するものではなかった。それは可視的な形態、配置、比例関係を観察する道具なのである。

観察するとは、見るだけで満足すること、体系的にわずかなものしか見ないことである。それは「表象の体系」のなかで名指すことができるものを見ることである。リンネは「記録すべきものは、数、形、比率、位置である」と述べている。この四つの変数によって自然の諸存在は規定されるだろう。植物学者は、任意の器官や要素の指標となる、これら四つの値がその器官あるいは要素の「構造」をなすと考える。彼らはこの「記述可能なもの」としての構造を見るのである。

構造は、可視的なものを制限し濾過して、それを言語《ランガージュ》で書き写すことを可能にする。構造のおかげで、動植物の可視性は、それを記録する言説《ディスクール》のなかに完全に移行するのだ。（渡辺・佐々木訳『言葉と物』）

他方、「特徴」とは植物どうしを本質的に区別するための指標である。それはこの区別を行うのに関与的な構造、指標として役立つ「特権的な構造」のことである。

ところで、このような構造や特徴を用いて分類の表を完成するためにはどうすればよいのか。まず、「体系」という技法がある。体系においては、特権的な構造に関係のない差異や同一性は故意に無視される。この意味で体系は恣意的である。また、どの範囲までを特権的な構造として設定するかという点に関しても、体系は相対的である。この他に「方法」という技法もある。それは特徴を恣意的に切り取るのではなく、あらゆる構造を反復することなく次々に記述していく技法である。

しかし、体系も方法も同じ認識論的な台座の上に立っている。経験的な固体の認識は、可能なあらゆる差異が配列された、連続的で普遍的な「表」のうえで獲得されると前提している点で、この両者に変わりはない。

ジョルジュ・キュビエ

壊された空間

あの動植物園や標本陳列館は「構造」をそなえた書物である。それは「特徴」が組み合わされ、分類が展開される空間である。

しかし、一八世紀末のある日、キュビエ（Georges Cubier）はパリの自然博物館に現れ、そこに蓄えられたガラス容器を持ち去っていく。それは容器を壊し、その中身を解剖するためである。彼の新しい問題関心は、古典主義時代における動物の可視的な表面に満足せず、その可視性の背後に隠された秘密を取り出そうとするのである。

これは西欧文化の自然の空間に生じた大きな変動であった。それはトゥルヌフォール（J. P. de Tournefort）、リンネ（C. von Linné）、ビュフォン（Comte de Buffon）、アダンソン（M. Adanson）らの意味での「記述」の終焉である。新しい記述は古典的な可視性の場から身をずらし、今や眼に見えぬ機能、隠された本質へと向かうからである。自然の存在はもはや表象の平面に収めることはできない。それは深い厚みをもち、表面と深層に二重化される。

この新しい記述は、分類を解剖に、構造を有機体に、可視的な特徴を内的な従属関係に、「表《タブロー》」を系列《セリー》に置き換える。たとえば博物学がある器官を見るとき、それは器官を可視的な構造によって定義し、特徴によって表象の空間に分類するだけである。だが、キュビエが目指すのは、器官が保証している眼に見えない機能である。機能とは器官の果たすべき目的であり、直接に知覚できないものである。しかもキュビエにあって、機能は器官を分類するために確認されるのではない。諸機能はその隠れた有機的統一、つまりその内的な組織によって一個の「生命」を確定するものなのである。

こうして生命の科学である、生物学が成立する。一八世紀末まで、今述べた意味での生命は実在しなかった。博物学においては、生物というのは自然の存在における一つの分類区分にすぎない。しかも成長の有無、運動の有無、感性の有無、自発的な移動の可能性など、採用する基準に応じて、生命の領域と境界はその分類上の位置を変えてしまう。生命の実在が確定されるのは、知の新しい形態とその解読格子を通してなのである。

比較文法

生物学は、可視的な表層の下に、生命が宿る不可視な内部空間を浮かびあがらせる。そして表層の諸形態に深層の諸要素を対応させる。だが、「生命」についての知だけが変容するのではない。「言語」や「労働」も、表象の空間から解放され、その実在の深みにおいて問題になる。一般文法も、富の分析も、博物学と同じ認識論的な台座の上に成立していたが、今やその台座が消滅するのである。

一般文法が主要な研究対象にしていたのは、言語記号の配列の仕方である。言語記号のある一定の配列は「言説」として表象機能をもつ。この意味で、一般文法は表象機能との関連で言語記号の分析を行っていたといえよう。だが一八世紀末、言語の分析のなかに表象には還元されない要素が導入されてくる。

たとえば言語の表象的価値という点では語根のほうが重要で、屈折語尾は二次的なものとされていた。だが、屈折体系の「比較研究」は、表象的な語根を支配しているのは、むしろ語尾の屈折体系であることを明らかにした。こうして、表象の諸形態よりも、それを支配している言語の内的なメカニズムの重要性が前面に出てくる。

かつて文法が問題になったのは語が表象する限りにおいてであった。だが、そこに逆転が起こる。語が表象的な価値をもつのは、固有の整合性をもった文法的な組織に語が所属する限りにおいてだということになるのだ。この変容を決定的にしたのは、シュレーゲル、グリム、ボップらの文献学である。シュレーゲル(F. von Schlegel)はある著作でこう述べている。「すべてを照らしだす決定的な点は、言語《ラング》の内部構造、もしくは比較文法であって、そうしたものこそ、われわれに、ちょうど比較解剖学が博物学に大きな光を投げかけたのと同じように、諸言語の系図についてまったく新しい解決をもたらしてくれるであろう」(渡辺・佐々木訳『言葉と物』)と。

ボップ(Franz Bopp)においては、言語は単に内的に分解されるだけではない。言語とはその本質において何でありうるかが問題になる。言語が物を表象し、指示するとしても、それは物が行為の結果であり、対象であり、手段だからである。言語はその本質において、活動する「主体」の側に根拠をもつのであり、主体の意志や活動を表現するものとなる。

労働の経済学

富の分析にも表象の限界が現れる。そして表象の下に、その表象を可能にしている、隠された本質が求められることになる。

古典主義時代の富の分析において、価値の源泉は必要にもとづく交換の体系そのものにあった。商品が価値をもつのは、それが他の商品を等価物として表象する限りにおいて、つまり記号としての表象能力をもつ限りにおいてである。富の分析とは、この交換の網の目に一定の秩序を分節することであった。

だが、この規定では、物の価値は交換過程に依存する相対的なものにとどまる。価値の恒常的な尺度を設定するためには、交換＝表象の平面ではなく、もっと別の次元を求めねばならない。リカード（David Ricardo）が物の価値の恒常的な尺度、源泉として設定したのは、交換ではなく生産の次元にあるもの、つまり人間の「労働」である。物は、他者の必要を表象するから価値があるのではなく、労働による生産物であることにより価値があるというわけである。

リカードの経済学は、交換される商品としての労働とは区別される、生産する力能としての労働という概念を導入したのである。彼によって価値の形成は価値の表象性からはっきり分離される。価値の形成についての分析は生産の条件を通じて歴史の領野に結びつく。また、その経済学は稀少性を労働との関係で捉え、労働する主体としての人間の有限性に結びつく。さらに、それは歴史と有限性の交差において、歴史の未来、その終焉についての議論――マルクス主義など――を呼び起こすことになる。

かくして、自分で自分の記号となり、人間の実存との関係ではまだ眠ったままの物の秩序を、語の連鎖のなかで言表した「表象」の統治は、古典主義時代とともに終わる。この時代のエピステーメーが消えていくのは、思考が表象という存在様態から解放されるときである。人は表象の下に隠された本質を見出し、表象はその外部にある本質的な諸条件によって支配されたものとなる。

これらの本質的な条件である労働、文法、組織は、人間の実存の具体的な形態でもある。すなわち、これらの具体的な次元に沿って己れの自由、欲望、力を展開する「主体」――働く主体、語る主体、生ける主体――が存在しはじめるのである。表象はこの主体に裏打ちされ、縁取られ、制約されたものに変容する。この主体の実存こそ近代の経験を成立させるものである。

サド侯爵の幻影

スウィンバーンの言葉を借りれば、古典主義時代の終わりを告げるのは、一八世紀末、革命の時代の混乱と暗闇のはるかな上空に巨大な幻のように浮かびあがる、サド侯爵の不吉な途方もない姿である。

サドは大革命が起こる直前まで、バスティーユの牢獄に閉じ込められていた。彼があのジュスチーヌの悲劇を、そして倒錯した欲望のあらん限りを枚挙した『ソドムの百二十日』の草稿を書いたのも、この獄舎においてである。サドがその閉ざされた生を通じて執念のように魅せられたものとは何なのか。ジョルジュ・バタイユは次のように書いている。

人間社会から排除されるままに、サドは、そのながい生涯を通じて、まったく彼を魅了したひとつの仕事だけに専念した。その仕事とは、すなわち人間存在を破壊する諸可能性をひとつのこらず数え上げ、しかもその諸可能性すら破壊しながら、それらの死と苦痛とを心に思い描いてたのしむということである。したがって、たとえどんなにうつくしい描写でも、後世の模範とすべき描写など、彼にはまるで意味のないものだったろう。ただはてしない退屈な枚挙だけが、彼の激情の目ざしている空無 vide もしくは砂漠を、彼の目の前に展開して見せる（そしてまた、彼の作品を繙くひとたちの目の前に展開して見せる）徳性をもっていたのである。（山本功訳『文学と悪』）

サドはその作品において、人間社会の理性と規範を破壊するような、あらゆる倒錯した欲望の形態を列挙し続ける。その理性や規範を保証するのが神の存在であるとするなら、彼はそこで瀆神行為の「集大成」を行っているのである。

たとえば、『美徳の不幸』の主人公ジュスチーヌは、次から次へとおぞましい連中に囚われては、淫らな欲望の対象として哀れな遍歴を重ねる。逆に、彼女の姉のジュリエット、つまり『悪徳の栄え』の主人公は自ら欲望の主体として淫蕩と悪行の限りを尽くす。いずれにしても、彼女ら姉妹の遍歴を通して見出されるものとは、恐るべき欲望の「一覧表」である。サドはちょうど「悪の表象」の執拗な秩序づけを行っているのである。

遊蕩者

この意味では、サドは古典主義時代の思考そのものを実践していることになる。彼は欲望を名指し、網羅し、分類し、秩序づけるのであり、目指すべきは、この欲望についての「表象の体系」であるからだ。だが、この表象の体系には癒《いや》しがたい矛盾がある。そこで列挙される「欲望」は、表象の冷たいヴェールを超えて、生きた肉体によって実現されねばならないものだからである。

ここには「表象」と「欲望」という、逆向きの要素が同じ一つの試みのなかに表裏をなして存在する。両者は微妙に均衡しており、サドの「遊蕩」(libertinage) の原理はこの二つの要素の均衡として位置づけられる。

サドは本質的な意味で遊蕩者である。彼の掲げる欲望のいくつかを実践したとしても、それは単に個別的な犯罪しか構成しないだろう。彼が犯罪者でもなく、革命派でもなく、「遊蕩者」として狙っているのは、醒めた意識によって欲望を表象の内部に導き入れ、表象の空間をその限界まで、内破寸前まで膨らますことである。

遊蕩者《リベルタン》とは、欲望のあらゆる気まぐれとそのすべての激発にしたがいながら、意志的に用いられる醒めた表象によって、欲望のほんのわずかな動きをも照らしだすことができ、また照らしださねばならぬ人間である。遊蕩生活には厳格な秩序がある。つまり、あらゆる表象は、ただちに生きた肉体のなかで欲望によって生気をあたえられねばならぬし、あらゆる欲望は、表象的言説《ディスクール》の純粋な光のうちに言表されなければならない。

（渡辺・佐々木訳『言葉と物』）

遊蕩者《リベルタン》は表象と欲望の果てしない戯れを楽しむ。彼は恣意的な「欲望」にのみ憑かれた犯罪者ではない。また、不在というかたちで神を前提する「表象の世界」を単純に否定する革命家でもない。彼は神が見守る表象の空間にとどまりながら、そのなかに忌まわしい欲望の数々を解き放つ。明晰な意識による秩序の分析と激しい欲望への情熱を微妙に均衡させながら、彼は前代未聞の悪の言説をつくりだすのである。

サドは単純に神を否定する無神論者ではない。彼にとって無神論は裏返しの一神教にすぎない。彼は表象の空間の自律性の前提となった不在の神、正確にはそのような神の場所を確保する。だが、それはその場所に悪徳の可能性を総攬する存在を座らせるためである。いいかえれば神を呪い、悪の化身として肯定する可能性を考えるためである。

欲望の姉妹

サドにおいて、作品のあらゆる場面は、肉体の結合にかかわる激しい欲望に貫かれているが、同時に主人公たちによって明晰に表象され、理由づけられている。すなわち欲望と表象は均衡している。だが、欲望の暗い反復的な暴力は表象の限界にまで押し寄せていることを忘れてはならない。

ジュスチーヌは、彼女自身がおぞましい欲望の起源であり、またその欲望の際限のない「対象」である。ただ彼女はそのことを知らない。彼女を欲望の対象として思い浮かべるいかがわしい連中がいるのだが、彼女は欲望をこうした他者の表象という外的なかたちでしか知らない。しかし、それは表象の空間のなかに彼女の意識がすっぽり内在しているからである。彼女の無垢は表象の空間のなかにしかない。この表象のヴェールをはずして見れば、彼女の肉体が欲望のあらゆる場面を次々と通り抜けていく、生々しい姿が見えるだろう。

他方、姉のジュリエットのほうは、可能なかぎりあらゆる欲望の「主体」である。しかし、彼女は明晰で強い意志によって欲望を残らず表象のうちに取り込み、言説的な場面として定着させる。ジュリエットの物語は欲望、暴力、残虐行為、死を語りながら、それらの表象がきらめく「表《タブロー》」を展開しているのである。この「表《タブロー》」は薄い膜のようで、次々に繁殖する倒錯した欲望の諸形象に対して透明である。ジュリエットがこの表象の透明な厚みをそぎ落としたならば、そこには欲望の深い奥行きがくまなく露呈するだろう。

だが、欲望とは何なのか。二人の姉妹がその主体となり、対象となり、身をもって顕示しようとする欲望とは一体何なのか。さまざまな欲望の形象が明らかにするのは、癒《いや》しがたい肉体の存在である。欲望の主体となり、客体となる身体の実存である。

古典主義時代は「われ思う、ゆえにわれ在り」という命題に示されるように、「われ思う」の表象からわれの存在を導き出していた。なぜなら、表象は存在に対して透明であり、存在とはすべてこの表象の次元に宿りうるものだったからである。だが、われの存在が実存として生ける肉体の次元に現れるとき、もはや欲望の表象と、欲望を生きる肉体とはまったく別の次元のものとならざるをえない。

サドは古典主義時代の限界に立っている。やがてあの遊蕩者の均衡は崩れ、欲望＝身体が表象の空間から十分に解き放たれるだろう。無限な表象の空間は自分で自分を支えるために、いわば不在というかたちで神の存在を確保していた。だが、もはや神は死に、神の地上における代理人（鏡像）である王も殺された。今や、この不在の場所に立っているのは人間である。彼のまわりには欲望＝身体を通じて働きかける世界、彼が自分の実存によって支えねばならない、あの有限性の空間が広がっている。

人間の登場

古典主義時代の思考のなかでは、表象の空間を支え、表象がそのために存在した「王」の場所は空席であった。この超越的な他者の不在というよりも、その現前と不在が表裏をなすようなメビウスの環のなかで、表象の空間は自律し、自ら同一者として浮かびあがったのである。だから、この表象の空間の保証人として王は自分の鏡像＝反映をその空間のなかに残している。だが、フランス革命はこの鏡までも叩き壊したのである。

今や、空席となった王の場所に「人間」という他者が実存しはじめる。表象はその自律性、同一性を失い、人間の実存という他者にその起源をもつものとなる。そこに見出されるのは、もはや無限で透明な表象の空間ではなく、有限な人間の実存によってはじめて可能となる「現象」の世界である。

それでは、人間とは一体何者なのか。近代の思考を成立させ、その実定的な台座となった人間とは、一体どのような形象であるのか。フーコーによれば、それは基本的な四つの線分によって規定される形象である。

第一は、人間の存在の「有限性」である。一方で、人間の実存は労働や、言語や、生命などの具体的な諸形態によって外部から規定されている。他方、これらの具体的な経験が成立するのは、主体としての人間を基盤にしてである。このように実定的な経験と基礎的な主体は互いを限界づけ、制約しあう。近代の思考は、この実定的なものと基礎的なものとが互いに照合しあう「有限性の円環」のなかで展開されることになる。以下の三つの線分もこの「有限性」に結びついている。

第二は、人間の「経験的＝先験的な二重性」である。人間は認識の先験的な主体であると同時に経験的な客体でもあるというように、認識論的に「両義的な」性格をもっている。一方で、主体の側の先験的な条件にもとづいて認識の経験的な内容が与えられる。だが他方で、その先験的な条件は客体の側にある経験的内容から出発して明らかにされねばならないのである。

第三は、人間の思考には「思考されぬもの」——物自体、即自存在、無意識など——が分身や影のように同伴することである。思考する者の存在《エートル》はコギト、つまり思考の直接的で、至上の透明さのなかに与えられない。だが、そのような他者性が人間の思考の同一性に深く根づいているのである。

第四は、人間が自分の「起源」から隔てられていることである。人間の起源はすでに始められている経験を下地としている。それゆえ、人間の起源（についての思考）は果てしなく後退するかと思えば、たえず再開されるものとなる。しかも、起源に見出されるものは人間の同一性の原点ではなく、人間をその他者に結びつける仕方にすぎない。

古典主義時代の思考は「人間」を第一義的な実在として、あるいは独自な領域として浮かびあがらせることはなかった。他方、近代の思考は「人間」の存在様態——その有限性——についての分析論として展開される。もし、近代の人間学、そしてわれわれの近代性を根こそぎにし、新しい思考の形態を始めようと望むのなら、その最初の努力がニーチェに見られるように、人間の存在様態を規定する四つの線分すべてを破壊しなければならないだろう。

言語の存在と人間

古典主義時代の思考は「言説」、つまりこの場合は表象を行うかぎりでの言語の力に依存していた。言語は物の存在を表象し、諸表象を一定の秩序に分節する。この表象の秩序を通じて物の世界は認識され、記述される。「言説」とはこのような認識と記述の働きを担うものであり、それは物を語の透明さのなかに表象しながら、物の存在を名指し、分類するのである。

言語：「物の存在」→「表象の空間」＝「表象の秩序」→「物の秩序」
表　象　　分節化　　認　識

ここで言語は物に対して透明な存在であり、その使命は常に「表《タブロー》」をつくること——表象の秩序を分節すること——にあった。だが今や、言語はそれが表象する物から切り離され、再び謎めいた厚みをもつようになる。言語は物の透明な認識であることを止め、むしろ認識の客体となる。だが、それは、言語が類似の体系のなかで物ともつれあい、混じりあう厚みをもっていた、あのルネサンスへの回帰ではない。

言語は表象から解き放たれると同時に、断片化され、分散した状態でしか実在しなくなる。言語が表象的な言説のうちに維持していた透明な統一性は消滅する。言語は不透明な厚みとして断片化され、細分化されるが、そこに生じる裂け目から一つの形象が顔を覗かせる。それは語り、働き、生きる欲望＝身体をもつ「人間」である。すなわち、自らの実存の具体的な諸形態にくくりつけられた、有限性の形象としての「人間」である。

ここには、フーコーが注意する、「人間の実存と言語の存在との本質的な両立不能性」がある。フーコーによれば、事実として、西欧文化のなかで両者は共存して互いに連接しあうことは決してできなかった。人間の存在様態についての分析論は、表象的な言説の分析が分裂させられてはじめて可能となったのである。

それでは、言語の存在と人間の実存とを同時に思考する権利は永遠に排除されているのだろうか。それとも人は、両者を同時に反省するような思考、今まで未知であった思考の様態に向かって進むのであろうか。ここには時代の重要な哲学的選択が試されているといってもよいだろう。

だが、人間もまた永遠の形象ではない。それが言語の分散によってはじめて存在の輪郭を現したものならば、エピステーメーの新しい配置により、いつかその輪郭を失うときが来るのである。

第三章　外の思考

はじめに

本章では、「外の思考」というフーコーの基本的なスタイルを検討してみたい。フーコーはさまざまな言説や問題系を分析対象としてきたが、彼自身の思考のスタイルはどのような枠組のなかで構成されてきたのか。ここではその独自な問題構成について考えてみたい。

第一の問題は、彼の思考や文体が「語る主体」の特権性に準拠せず、そのような主体性の外部に立つことである。この意味でフーコーの思考は構造主義とよく似ているようにみえるが、両者のあいだには重要な差異がある。それは『知の考古学』で明らかにされるように、「言語」に対する理解の仕方にかかわっている。フーコーは言語の意味表示的な構造ではなく、その歴史的な存在《エートル》を問題にしようとするのである。その考古学的な視点は言説分析として方法化され、のちに展開される権力の分析につながっていく。

第二に、言語の存在を考えるとき、その言語の限界あるいは不在という問題に突き当たる。たとえば「狂気」は理性的な主体の言語の〈外〉にあり、理性の言語はこのような深い外部に包囲されている。だが西欧近代には、言語の不在である〈外〉について考えようとする思考の秘かな系譜がある。ここでは、フーコーがこれらの冒険心に充ちた「外の思考」の経験をどのように通過し、彼自身の歴史的な存在論ないし系譜学につなげるのかを見ていく。

第三に、〈外〉への関係において自分の仕事を展開し、フーコーに深い印象を残した二人の人物を紹介する。それは、言語の存在と不在の戯れ《ゲーム》を対象として小説を書いたレーモン・ルーセルと、絵画の空間に奇妙な不在を導入したルネ・マグリットである。フーコーはこのような不在の芸術に没頭しなかったが、言語の存在と不在の戯れ《ゲーム》に対する考察は、彼の歴史的な存在論を支える基軸になったといえよう。「存在」が生み出される場所は深い空洞であり、言語、人間、性など、彼がそれらの「存在」を捉えるのはこの空洞を介してである。

I　私は構造主義者ではない

質問状

フーコー自身は『言葉と物』を、思想史の特定の問題に関心のある二〇〇〇人たらずの専門家を念頭にして書いたのだという。だが、『言葉と物』はその難解な内容にもかかわらず、サルトル以来のベスト・セラーとなり、マスコミを通じて大きな反響を巻き起こした。そこでフーコーは構造主義の代表的な哲学者、あるいはテクノクラートの新しいイデオローグと見なされた。また『プチ・ラルース』辞典に「歴史は非連続性に基づいているとみなす哲学をつくった人」というふうに紹介されたりもした。もちろん、このような評判はフーコーにとって不本意なものであった。

理論的にも、答えなければならない疑問や批判が数多く提出された。そのなかでも重要と思われるものについて、フーコーは積極的に答えている。たとえば『エスプリ』誌の「質問」に対しては、同誌の一九六八年五月号に「質問への回答」が発表された。また、認識論サークルの質問に対する回答は『カイエ・プール・ラナリーズ』の一九六八年夏季九号に掲載されている。

誤解を正すためにも、フーコーが無視できなかったのは、『エスプリ』誌が掲げた十一の質問項目のうち最後のものであった。その十一番目の質問はまず、フーコーの分析が「精神の歴史のなかに体系の強制と非連続性を導入する思考」であると見なす。次いで、そのような思考は、体系をそのまま受け入れるか、あるいは体系を破壊しうる唯一のものとして外的な暴力に訴えるかといった不毛なジレンマに陥り、進歩的な政治参加を無意味なものにするのではないか、と問いかける。

重要なのは、この問いかけの前提となる部分である。そこでは、フーコーの分析が歴史のなかに全体主義的な「体系の強制とその非連続性」を導き入れるものと見なされている。フーコーはこれに対して異議を唱える。そのように見えるとすれば、それは歴史に対する彼の取り組み、彼の仕事の根本的な問題設定に関する誤解だからである。

歴史そのものへ

フーコーがまず心配したのは、彼の分析が「歴史の連続性」を否定したものではないかという、単純だが根強い疑問が寄せられることである。この種の疑問の根底にあるのは、フーコーが構造主義者であり、彼の分析は歴史の分野への構造主義の適用であろうという了解である。しかもこの了解において、構造主義とは、人びとを無意識的に拘束している「閉じた体系」を分析対象とし、諸体系を非歴史的な構造に還元するものである。『古典主義時代における狂気の歴史』に対するJ・デリダの批判も同じような了解を含んでいた。デリダは「歴史が問題とされるとき、厳密な構造主義が果たして可能かどうか」と問い直している。だが、こうした疑問や批判が「歴史」に対する、じつは非歴史的で、超越論的な思考の枠組と関連している可能性に注意しなければならない。構造主義に対する批判が当然のように前提している歴史の概念こそ、フーコーの分析がまず退けようとした当の物だからである。

フーコーの分析は決して構造主義と同じものではない。とりわけ、それは歴史を構造の概念と対立させて、否定するような「構造主義」ではない。この種の不毛な対立はサルトルの『弁証法的理性批判』とレヴィ＝ストロースの『野生の思考』とのあいだに見られたとおりである。それは人の耳目を惹きつけるかもしれないが、問題の本質である歴史そのものを逸している。

彼の分析は実定的な歴史の地層そのものを目指している。それはあらゆる解釈や形式化の誘惑から歴史を解き放ち、歴史の具体的で多様な姿を見えるようにさせることである。すなわち安易な連続性や、全体性や、起源や、主体などが挿入された、そして構造主義と単純に対立するような歴史の観念から脱却し、歴史の多様な水準、多様な変容のかたちを明らかにすることである。

さまざまな時間性

フーコーは歴史を否認したり、歴史の非連続性を恣意的に指摘したわけではない。彼にとっては、思想史の常識が設定する一般的な変化や生成、つまり知の滑らかな連続性や合理的な精神の発展というイメージの下に、実はさまざまな断層が走り、活発な差異が戯れていることが問題だったのである。

> 私は歴史を否定しなかった。私は変化（le changement）に関する一般的で空虚なカテゴリーを宙吊りにしたのだが、それはさまざまな水準で起こる諸々の変容（transformations）を明るみに出すためであった。私は各々の言説実践について、その累合や、排除や、再活動化の規則、その派生分流の独自な形態、そしてそれが多様な継起と連結する特殊な様式を記述するために、時間分節（temporalisation）の画一的なモデルを拒んだのである。（『知の考古学』）

重要なのは、連続的な発展や一様な変化の時間のなかに歴史を物語化するのではなく、歴史のなかに差異づけられた多様な時間を発見することである。

たとえば臨床医学の成立について、歴史家たちはその実証的な基盤を病理解剖の発見に求めた。では病理解剖学の成立はどうかというと、最初は、宗教や道徳のタブーを冒して屍体を墓場から盗み出し、秘密裡に解剖するという先駆者の涙ぐましい努力があった。一八世紀末になって、この病理解剖を取り入れた開明的な医学精神とその臨床的な成功により、ようやく屍体解剖を公に行うことができるようになり、病理解剖学が世に認められたというわけである。

だが、事実を調べてみれば、開明的精神の登場や臨床医学の成功物語を待たなくとも、一八世紀半ばに、屍体の解剖はモルガーニらによって白昼堂々と行われていた。つまりその頃、病理解剖学の眼差しはすでに存在していたのである。だが問題は、当時の臨床医学の精神と解剖学的な眼差しとの対立、差異にあった。宗教や道徳のタブーではなく、むしろ臨床医学自身が解剖学的な眼差しを受け入れることを邪魔していたのである。

実証的な臨床医学が成立するには、この解剖学と臨床医学との四〇年もの時間にわたる抗争的な構造調整が必要だったのである。フーコーの分析が明らかにするのは、この調整の過程で、臨床医学を支える眼差しの構造がさまざまな水準でどのように変容したかである。

歴史と構造分析

『知の考古学』では、フーコーはそれまでの著作における構造主義への傾斜に対して次のような反省を行っている。

一般的にいって、『狂気の歴史』は、ある〈経験〉として指し示されていたものに、とくに重要で、しかもかなり謎めいた役割を割り当てており、それによって、どれほど歴史の匿名で一般的な主体を認める立場の近くにとどまったのかを示すものとなった。また『臨床医学の誕生』では、構造論的な分析に何度も頼ろうとしたが、そのために、提起された問題の特殊性や考古学に固有の水準を回避してしまいそうになった。最後に『言葉と物』では、方法論的な標識の設置を欠いたために、文化的全体性の観点からの分析であると信じさせることになった。私はこれらの危険を避けえなかったと思うが、それらは私をいかに悩ませたことだろう。(『知の考古学』)

とはいえ、フーコーは構造分析のすべてを否定するわけではない。「歴史への回帰」(一九七〇年)では、デュメジルの神話の分析について、①類似点ではなく、差異の分析であり、②単に差異の一覧表をつくるのではなく、それらの差異の関係を体系化しており、③しかもこの差異の体系的な関係が変形されるとき、その変形を可能にする条件を明示している、といった特徴を指摘したあと、彼は次のように述べている。

デュメジルの分析をその一例とする構造的分析が歴史的分析につながりうるものである

ことは、これによっておわかりになると思います。この例からみても、ある分析が変形可能な体系を研究対象としてとりあげ、その変化がいかなる条件のもとに起こるかを考察するものであるとき、それを構造的分析と呼んでいいのではないでしょうか。（岩崎力訳「歴史への回帰」）

だが、ここでの「変形」の概念は、きわめて歴史的な文脈にアレンジされていることに注意すべきである。いわゆる構造分析では、変形とは、さまざまな体系の同型性を確認し、それらのあいだに同一、不変の構造を設定するための操作的な概念である。他方、フーコーがここで積極的に評価する「変形」は、むしろ体系の同一性の壊れかた、その歴史的な変容を意味している。フーコーは構造分析を、さまざまな差異の体系を明らかにし、それら諸体系の変容とその変容を可能にした諸条件を分析するものとしたうえで、評価しているのである。

構造主義との差異

フーコーが次に心配したのは、彼の分析が構造主義的な「体系の強制」を導入するものではないかという誤解であった。たとえば『言葉と物』において、エピステーメーは知の深層にあって、知を拘束し、決定する先験的な構造のように見なされたのである。『知の考古学』の最終章では、二人の人物（一人は仮想の論敵）を登場させて、彼の歴史的な分析がいかにして構造主義と区別されるのかを弁証しようとしている。一方の人物（論敵）が問いかける。あなたはこの本全体を通じて〈構造主義〉から自分を区別しようと試みてきたが、そこで構造主義の方法や概念に準拠しなかったことは何を意味するのか。一体、あなたの分析と構造主義的な分析との差異はどこにあるのか。

もう一方の人物（フーコー）が答える。私の分析が構造主義によく似て見えるのは、それが「語る主体」への照合を徹底的に回避しているからである。だが、それは「すべての語る主体によって同一の仕方で実践されるような構築の諸法則もしくは諸形式」、つまり「構造」を発見するためではなかった。また当然、一時代のすべての人びとに共通で、その時代を代表するような「普遍的言説」を見出すためでもなかった。

要するに、私は語る主体の問題を排除しようとしたのではなく、言説の多様性のなかで語る主体が占めえた位置や機能を明確にしようとしたのである。（『知の考古学』）

主体の介入を認めないからといって、それをすぐさま構造主義的な体系の強制に結びつけるのは短絡である。構造主義は「形式化」によって語る主体を括弧に入れたが、その主体の存在を精算したわけではない。それは主体に準拠する有縁的な「解釈」を回避しただけであり、それらの解釈は形式的な構造と表裏をなして存在する。『言葉と物』でいわれたように、構造主義による形式化はあくまでも近代の知の目覚めた不安のかたちにすぎない。

フーコーの目指すものは「解釈」でも、「形式化」でもない。それは近代を呪縛する主体の問題を根本的に考え直すことができるようにすることである。彼が仕掛けようとするのは新たな問題設定であり、それは語る主体についての言説の実定性から出発して、その主体の形象がいかなる条件のもとで、どのように機能したのかを積極的なかたちで明らかにすることである。

脱中心化

確かにフーコーの分析も、構造主義も、「創設的主体の哲学」から離脱しようとする点では似たところがある。だが、構造主義はこの離脱に十分成功しなかった。構造分析は形式化によって主体の存在を括弧に入れ、主体のイデオロギーから解放され、主体が不在の場所で思考する。だが、よく見れば、ジュリア・クリステヴァがレヴィ＝ストロースのゼミで発表したように、構造主義と主体の哲学とは互いに表裏をなして存在するメビウスの環の両面のような関係にあり、同じ思考の圏内に属している。

また、ジャック・デリダやジル・ドゥルーズらの批判が示すように、構造分析はさまざまな対象のなかに不変の「構造」、つまり差異の形式的なシステムを見つけようとする。その分析は形式化されたシステムの体系性、統合性を前提しているわけで、そのため、実定的な対象の次元にこの統合の中心をあらかじめ追補することになる。この隠された中心の追補は主体の超越論的な支配と等価であるといえよう。

フーコーはこのような構造分析への疑問を含めてであろう、彼自身の分析視点について次のように述べている。

重要なのは、唯一つの差異の体系には決して還元されえない一つの分散を、絶対的な座標軸をもたない一つの散乱をくり広げることである。すなわち、いかなる中心にも特権を与えないような一つの脱中心化を行うことである。(『知の考古学』)

このような脱中心化を推し進めていくとき、構造はもはや耐えがたい概念となる。この脱中心化は時代の潮流でもあり、ドゥルーズとフェリックス・ガタリにおいては、「リゾーム」(rhizome)という概念が要請される。リゾームは、構造の概念が追補する統合や全体性の次元をマイナスすることによって現れる、対象の非有機的な存在様態である。他方、デリダにおいては構造論的な全体性の「脱構築」(déconstruction)という方法的な戦略が提示される。それは全体性を包囲し、全体性に内在しながら、その全体化の可能性を宙吊りにするだろう。

言語の存在

構造主義の知的な原理は「形式化」にあり、公理論的な数学とともに、ソシュールの一般言語学が先駆的な業績として大きな意味をもった。ソシュールの一般言語学は語る主体の特権的な存在を括弧に入れ、言語に固有の本質を、その形式的な構造の水準に求める。それは言語の形式化を推し進め、従来の主知主義と経験論の対立を乗り超える地平に、つまり主体の関与性から離れた水準に、言語に固有の実在（entité）を発見したのである。

構造主義は、この「主体に準拠しない分析」を言語学的な事実だけでなく、言語と基本的に同型性を有する、社会的ないし人間的な事実についての分析にも適用して、大きな成功を収めた。この言語学的な転回の影響はたとえば、レヴィ＝ストロースの文化人類学、ルイ・アルチュセールによる史的唯物論の再構成、ジャック・ラカンの精神分析、ロラン・バルトによる文学的テクストやモードの研究などに見られるだろう。

だが、フーコーの歴史分析の方法は構造主義とは異なる独自の問題設定に立っている。もちろん、それは構造主義と対立する主体の現象学や弁証法に回帰するものではない。フーコーは、主体による「解釈」と、構造による「形式化」との、デュアルな対立の地平――それこそ西欧近代の思考の二つのタイプを特徴づけるものである――を十分に見据えながら、その地平をいわば横様に超出しようとするのである。彼は、主体の特権的な存在にはじめて疑問符を打った、構造主義の問題提起と不安を誰よりも深く受けとめ、根本的に考え直すために、構造主義では応じ切れないところまで行こうとする。

構造主義は、記号的な形式（フォルム：forme）の水準にある、言語の意味表示的な組織ないし構造に分析の眼を向けていた。この意味作用の水準において、言語は意味されるものを現前させるために自らは消え去る、透明な媒体のように考えられている。それは他の何かを意味するために、自分自身の厚みを見えなくさせているのである。だが、言語は決して透明な媒体ではなく、それ自身の制度的にも物質的にも制約された「存在」(エートル：être)をもっている。明らかにされねばならないのは、言語が意味するために見えなくなっている、この言語の「存在」そのものである。

理解可能性の転換

彼が企てるのは、言語が意味する事柄を、その意味作用の主体を媒介にして「解釈」することではない。また、それは「形式化」によって、言語を意味表示するものにしている記号的構造を取り出すことでもない。それは、言語を支えるさまざまな力の関係を通じて、言語の存在《エートル》の仕方を明らかにすることである。フーコーが目指すのは、意味の関係から力の関係へ、言語の理解可能性のレベルを移動させることである。

言語に対する、こうした理解可能性の変容は、『狂気の歴史』第二版の補遺に収められた論文(「狂気、営みの不在」一九六四年)では、文学の言語に言及しながら、次のように確認されている。

今や文学の言語《ランガージュ》は、それが述べている事柄によっても、それを意味するものにしている構造によっても定義されないことを認めるべきときである。とはいえ文学の言語は一つの存在《エートル》をもつこと、そしてその言語に問い質さねばならないのはその存在《エートル》についてであることを認めるべきときである。（『狂気の歴史』）

『知の考古学』（一九六九年）から『言説の秩序』（一九七一年）にかけて、フーコーは構造主義から決定的に離れていく。そこでフーコーは言語をその形式的な意味作用においてではなく、その具体的な存在《エートル》において捉える立場を「アルケオロジー」として明示する。それは歴史的な〈場〉において具体的な言語の存在《エートル》（言説）に関する同一性と差異を見きわめようとするものである。

言語の存在《エートル》というのは、その出現の仕方、その語られ方、その分布の仕方である。言語の存在は地理的にも、時間的にも限定されており、その同一性は歴史のなかでさまざまに変容する。言語はこの意味で一つの「出来事」（événement）である。この言語の存在は一様な実体からできているのではなく、その存在を支えているのは、さまざまな力の関係、力の戯れ（ゲーム）である。

言語が具体的に意味作用を果たすのは、この力の戯れの制度的な均衡の平面において、その力の関係がもっている戦略的な目標との関連においてである。西欧近代の言語の経験は、どこかで人間的な主体の存在を確認するという、きわめて戦略的な仕方で語られていなかっただろうか。この語られ方のなかに、言語の、そして主体の、深い成立平面が横たわっているはずである。

力の関係へ

こうして、構造分析への近接から彼固有の考古学のレベルへ、意味の関係から力の関係へと、分析目標の移行がはっきりしていく。それが権力分析として浮かびあがるとき、フーコーの理論は彼の個人的な業績であるにとどまらず、新哲学派からマルクス主義の諸形態まで、時代の問題設定に対して大きな影響を与えることになる。記号と構造を働かせる問題設定から、記号の存在を支える闘争と力の関係による問題設定へ、つまり意味の領域から出来事や物質性の領域へと、時代の関心は移動していったのである。

フーコーは自分が持ち込んだ、新しい問題設定について次のように語っている。

重要なのは、さまざまな出来事を識別し、それらの出来事が属している関係の網の目や水準を区別すると同時に、それらの出来事を結び合わせ、互いに互いを生み出し合うようにさせている関係の脈絡を再構成することです。ですから、象徴の世界や、意味する構造の領域に準拠するような分析は拒否し、力の関係や、戦略の展開や、戦術などについての系譜学的な分析を求めることが必要です。われわれが準拠すべきものは、言語《ラング》や記号の上品なモデルではなく、戦争や闘いのモデルだと思うのです。われわれを支配し、規定している歴史性は好戦的なものであり、言語的なものではありません。それは権力の関係であって、意味の関係ではないのです。（「真理と権力」）

ここに語られている立場から歴史の諸領域を分析しようとするとき、その分析は抗争、戦略、戦術を理解可能性の基準として設定する。弁証法的な思考の場合には、その理解可能性は歴史の目的論的な全体化にかかっており、多様で開放的な現実は理解可能性の外へ掻き消されていく傾向がある。また、記号学の場合には、コミュニケーションの整合的な構造を社会的な現実——たとえば消費活動——に対する理解可能性の基準として設定するため、暴力や抗争が内在的に含んでいる理解可能性を逸らしてしまう。これらとは異なり、フーコーの分析が設定する理解可能性のレベルには、構造に還元されえない多様な出来事のセリーが走っている。その出来事の領野では、追補される中心も、メタ・レベルに立つ主体も取り除かれ、あらゆる要素が多様かつ不定な力の戯れ（ゲーム）、力の関係のなかに置き直される。全体化あるいは構造の設定による理解可能性は、それらが一見、倫理的あるいは中立的なものに思えようとも、出来事に対する理解可能性のレベルを逸することになる。

II　外の思考

沈黙する狂気

フーコーが提出した問題設定は、言語の意味表示的な形式《フォルム》ではなく、その歴史的な存在《エートル》についてて考えようとするものである。この問題設定は、西欧の言語、とりわけその限界に迫るさまざまな経験にもとづいて獲得されたものである。

言語の存在は、言語の意味表示的な組織や構造の外部に横たわっている。言語をこの外在性において捉えるとき、言語の存在そのものが一つの問題として露わになる。フーコーはすでに「狂気」についての歴史的な分析を企てたとき、言語の存在をその純粋な外在性において思考するという根本的な要請に直面していたといえよう。

古典主義時代のはじめ、正確には一六五六年、パリにおいて「一般施療院」(Hôpital général) の設立が布告される。それは厳重な施設のなかに、パリのあらゆる貧民を収容し、ほとんど絶対的な権力をもって彼らを管理し、指導し、裁き、矯正し、懲罰を与えることのできる機関である。一般施療院はいわゆる医療施設といったものではなく、むしろ既存の権力機構とならんで裁決し、施行する、半ば司法的で、半ば行政的な組織であった。狂人たちはこの恐怖の施設に一般法の受刑者、非行に走る子弟、放浪無頼の徒といっしょに監禁されたのである。

ルネサンス期には、まだ理性と狂気は雑然と入り組んでいた。だが、この「大監禁」(Le grand renfermement) の時代とともに、理性と狂気との厳しい分割が始まる。人は「狂気」との新しい関係に入り、「狂気」の過酷な歴史が生み出される。理性と狂気との対話や交流は途絶える。理性と狂気とのあいだに交わされていた、不分明なつぶやきのような言葉は遠い忘却の淵に沈められていくのである。

形式的な困難

一八世紀末には、この分割はもっと純粋なものになる。一七九四年、ビセートルの収容施設に鎖でつながれていた一二名の精神錯乱者が解放される。それは狂人が自由の身になるということではなく、新しい社会的な種別になるのである。だが、狂気は非理性の他の形態や犯罪から区別され、純粋に精神病として制度化されることになる。狂気は理性の側の独白《モノローグ》でしかない精神医学の言語に覆われ、その言語の饒舌の下に「沈黙」させられるだろう。

大いなる分割と排除が行われ、狂気は謎めいた「他者」となる。理性の側から見れば、それは目に見えない営み（営みの不在）でしかない。たとえば狂人の言語は、その意味作用の混乱、不在、異生性《エテロジエニテ》、消尽などによって特色づけられる。言語《ロゴス》とは理性の活動であり、理性の営みである。理性の語る饒舌な言語のなかで、狂気の真実はやがて永遠に未開の沈黙となる。狂気は本質的には理性の言語の外部に滑り落ちていく何物かになるのである。

それゆえ、古典的理性が狂気について語ること、あるいは理性の検閲的な言語によって客体化された狂気というのは決して狂気そのものではない。狂気とは、理性の言語の地平内には決して姿を現しえない何かであり、理性がそれについて語るところ、意味するところによって復元できないものである。これは狂気を理性の他者とする前提からして当然のこと、つまりトートロジー（同義反復）であるといえよう。ここでは、狂気の歴史を書くという試み自体が一つの形式的な矛盾であることになる。

だがそれでは、われわれは狂気について、いつまでも形式主義的な沈黙を守るしかないのだろうか。確かに古典主義的な理性の諸概念によって把握された狂気というのは、決して狂気固有の姿ではないだろう。だが、だからといって、狂気を永遠に未開の沈黙として実体化してはならない。フーコーが企てるのは、この「沈黙」の形象が理性によって、理性とともに、どのようにして構成されていったのかを分析する「沈黙の考古学」である。

狂気の歴史

フーコーは、古典的理性が狂気について語るとき、その言語の非意味表示的な位相における、さまざまな相関項を分析する。これらの相関項の新たな配列と編成のうちに、狂気が一つの実定性として存在しはじめたとすれば、この実定性以下でもなく、以上でもないところに、狂気の存在を捉えるべきなのである。

狂気を理性の饒舌によって意味された一個の形象に仕立て上げるのもおかしいが、かといって逆に、狂気を理性に対立するものとして、言語的な意味作用の零度として、エキゾチックな未開の沈黙として実体化してしまうのも正しくない。饒舌な分類にせよ、未開の沈黙への形式主義的な還元にせよ、意味作用の地平を軸にして狂気の理解可能性を設定しているのである。一方には意味、つまり理解可能な何かがあり、他方には無意味、つまり理解不可能なものしかない。

フーコーはここで問いの方向を根本的に転回させる。狂気が何を意味するのかを解釈するのではなくて、狂気という形象の実定性について考えるのである。すなわち「理性の饒舌／狂気の沈黙」といった対立の地平は、どのようにしてその実定性をもつようになったのか、この問題を考えるのである。

そのためには、理性が狂気について語る言葉を、その意味作用の外部において、その存在《エートル》において捉えなければならない。フーコーは狂気の歴史について書くという、この問題設定を次のように述べている。

> 狂気のありのままの野生状態はけっしてそれじたいとしては復原されえないので、狂気を捕えている歴史上の総体――さまざまの概念・さまざまの制度・法制面と治安面での処置・学問上のさまざまの見解――の構造論的《ストリユクチユラル》な研究をおこなうこと。……（田村俶訳『狂気の歴史』）

ボッシュ（ヒエロニムス・ボス）の『阿呆船』（15世紀末頃）

狂気を包囲し、排除する古典的理性の言語は、どのような力の関係のなかに現れ、誰によって語られ、どのように用いられるのか。また、それは他の言説とどのように連接し、狂気を監禁しようとする実践や実務の体系とどのように結びついているのか。要するに、理性の言語は、それが関説する狂気との関係でどのように「存在」しているのか。
フーコーが明らかにしようとするのは、理性の言語の意味作用の地平に対しては外在的な位相にある、この言語の存在の仕方である。

言語の限界

狂気だけではない。西欧における言語の存在、その外縁にまつわる薄暗い経験の歴史を探ったとき、フーコーが見出したものは、この言語が思考にとって中立的な用具でも、透明な媒体でもないことであった。それは語る主体の気息を通過するものでありながら、その主体が自由に創造し、使えるような無限の資源ではない。言語の存在は限られている。言語とは、その存在自体において巧妙に仕組まれた配置をもつ制度であり、さまざまな稀少化の原理、いいかえれば排除、制限、拘束の諸システムによって裏打ちされているからである。

われわれがなしうる言語表現の可能性そのものは無際限に開かれているように見える。だが、ある時代において実際に言表された、出来事としての言語の大きな分布はきわめて限定されている。すなわち、言語の「経済」(économie：エコノミー)というものがあり、言語の事実上の配分は限られている。この「経済」によって、われわれの思考の舞台となる、言語の汲めども尽きない流れ《フロー》が決定され、規制されているのである。

この事実をフーコーに決定的に印象づけたのは、西欧の人間学や弁証法が守り抜こうとした合理性からは空しくこぼれおちていく、救いようもないひそやかな言語の経験であった。

すなわち、サドの「欲望」、ニーチェにとっての「力」、アルトーの「思考の物質性」、バタイユの「侵犯」、ブランショの「夜」、ルーセルの「太陽」……に示されるように、それは西欧的言語の〈外〉なる空洞に向かって、その言語自身が消えていくような経験である。西欧の理性はこのような言語の経験を薄暗い狂気の領域に封じ込めようとした。だが、彼らの言語は、それが非理性の形態であったとしても、人間学的な理性が一様に押し込めようとする凡庸な狂気のなかに埋もれてしまうものではない。彼らはこの理性によるちまちました言語の節約《エコノミー》を拒否し、言語の無尽蔵な流出と横滑りの彼方に言語の真実を見ようとするのである。その真実は、中途半端な理性の言語を燃え尽きさせてしまう、中性的な一瞬の冷たい光を放って、彼らの眠れぬ夜を通過したのである。

境界に響く声

これらの〈外〉に開かれた体験、そして神の死、超人、永劫回帰などのニーチェ的な形象を前にしたとき、近代的な人間性を照合系とする、西欧の言語はどこかへねじ切れてしまうような表現上の無能力を経験する。この言語の、忌まわしくも、本質的に制約された現実に対して、フーコーは苛立ちをこめて書く。

だがいったいなぜ、今日、言説《ディスクール》的言語は、これらの形象を維持したりそれらのうちに維持されるだんになると、あれほどまでに手だてがないのだろうか？　いったいなぜこの言語は、それらを前にして無言の状態に帰せしめられ、というか、ほとんどそうなってしまうのか、そしてそれらの形象がそれらにふさわしい言葉を見出し続けるため、バタイユ、ブランショ、クロソウスキーがさし当たってそれを住処とし、思考の絶頂とした、言語のああした極端な諸形体にあたかも言葉をゆずらざるを得ないようにされているのか？（豊崎光一訳「侵犯行為への序言」、『外の思考』所収）

ニーチェ的な諸形象や侵犯の経験を語ろうとするとき、西欧の弁証法と人間学が確保しようとした、主体とその内面的世界のための言語はあまりにも無能力なように仕組まれている。だが、冒険者や逸脱者たちは、この憤懣やるかたない言語の無能力を味わいながら苦闘する。そしてときには、理性の私生児や、狂気や、侵犯の行為を装いながら、西欧的言語によっては表現不可能な剰余を何とかして表出しようとしたのである。

たとえばサルトルの小説『嘔吐』の主人公、偉大な弁証法的理性の私生児である独学者のロカンタンを見てみよう。彼は公園にあるマロニエの樹の根っこを見つめている。そして根っこの存在そのものが露わになり、増殖するのを見て一種の嘔吐の感覚を覚える。もちろん、彼は自分の出自をなす「健全」な理性を失うことはなかったが、そのときの失語は暗い不吉な影のように言語を襲い、彼の言語の表面を通り過ぎたのである。

また、ベケットのワット氏においては、哲学的ロゴスの、そして語る主体の支点である「生けるパロール」は目的も終わりもない叫び声のなかに崩折れていくかと思えば、狂気の言語のような奇妙な配列のなかで純粋な沈黙に呑み込まれていく。他方、バタイユの侵犯行為は、デリダがいうように意味の世界を非＝意味の世界に結びつける経験である。その冒険の行為は、ヘーゲル弁証法の体系のなかにウィルスのように入り込み、水も洩らさぬ体系の〈外〉を穿つ。そしてその〈外〉に開かれた空洞から、体系の営みに対して哄笑を響かせるものであった。

言語の欠乏

だが、フーコーはこれらの苦汁の経験にいつまでも内在して、批判的で消極的な姿勢に終始するのではない。彼はそれらの逸脱や侵犯の経験を引き起こす条件として、言語の存在そのものに注目する。そして、それらの経験の根底にどうしようもない「言語の欠乏《マンク》」を見出すのである。〈外〉なる空洞へ身を開いて語ろうとするとき、人は言語の絶対的な欠乏を見出す。この言語の問題性を彼にもっとも深く啓示したのはレーモン・ルーセルの作品群であった。

フーコーはレーモン・ルーセルの類い稀な言語の経験を詳細に検討する。ルーセルの作品がその核心において啓示するのは、語がその指し示す物よりも数少なく、この経済のおかげで何事かを意味できるという「言語の欠乏」である。もし言語が事物と同じくらい豊かであったならば、それらは事物の無駄な分身にすぎないことになる。逆に、言語がまったく存在しなくなれば、事物はそれを指し示す名もなく、夜の眠りのなかに沈黙しているしかない。

してみれば、言語はその本質的で微妙な欠乏によって事物に光明をもたらしているのである。

このように言語の存在を限り、制約する経済《エコノミー》——そこに覗いている言語の「空洞」、その無性の闇から出発して言語は語っているのである。ルーセルは言語を用いてこの「空洞」を露わにさせようとするが、それは不条理な試みであるというほかはない。言語はその空洞の間近で稀薄になり、消え、尽きてしまうからである。この不条理は「意味の欠如」によるのではなく、もっと本質的な「言語そのものの欠如《マンク》」に由来している。

言語はその本質的な欠乏によって凡庸にも意味し続けている。本当は、誰も無意味でいることなどできないくらいである。意味は十分豊かにあり、語る主体はそれを享受している。だが、その意味の豊かさ、その凡庸な意味の充溢は主体の〈外〉なる欲望を窒息させる。フーコーからみると、ルーセルはこの純粋な〈外〉への欲望を彼の言語のゲームである作品のうちで解き放とうとしたのである。

表と裏

ルーセルの言語がその身を委ねたような〈外〉の経験は、近代西欧文化の辺縁に押しやられる。それは声なき声として、西欧文化の余白に、その夜よりも暗い闇に、真昼よりも明るい光のなかに語られるしかなかったのである。

この排除の動きと表裏をなして、西欧文化の正面にその姿を現す者がいる。それはこの時代の言語の経済《エコノミー》のなかに棲みつき、己れの実存を実定性の台座として諸領域にくり広げるものである。あらゆる経験に生の形態を確保し、意味の秩序を与えるべく要請された、この基礎的形象こそ、西欧の言語をそれがあるところのものでしかないように語っている主体としての「人間」である。

カントやサドの時代のあと二世紀近くものあいだ、西欧の言語はこの「人間」によって占拠され、住まわれてきた。その言語は人間的な主体＝主観性によって息を吹き込まれ、その形態を保ってきたのである。人間的な経験の内部にいるかぎり、人はこの言語に致命的な過不足を見出すことはない。だが、人間的な主体＝主観性の〈外〉に経験の可能性を求めるとき、人はこの言語の存在《エートル》、その度しがたい有限性に直面する。

フーコーが目指すのは、言語の存在を捉えることである。つまり、人間的な主体＝主観性の内部で意味する「記号」としてではなく、その純粋な外在性において存在する「出来事」として、言語を捉えることである。そのためには、「あらゆる主体《シュブジエクティヴィテ》＝主観性の外に身を保って、いわば外側からその諸限界を露呈させ、その終末を告げ、その拡散を煌めかせ、その克服しがたい不在のみをとっておく、そんな思考」（豊崎光一訳「外の思考」、『外の思考』所収）に身を委ねることである。

人間的な主体＝主観性の外側から眺めるとき、言語の存在が深い欠落の闇に抱かれ、また蝕まれることによって、その光明を確保しているのが見えてくる。フーコーは言語の存在がこの深い欠落によって限られている断面を見つめている。そのとき言語の歴史的な厚みは

「語る主体」の気息を抜き去られたという意味で、冷たい純粋な外在性において思考されるだろう。それがフーコーのいう「外の思考」である。

ロマンティックな異生性

この外在性に類似して見えるが、根本的に異なるものを区別しなければならない。というのも、この時代、さまざまな詩的言語の試みがあり、言語の意味する構造に対して純粋無垢な外在性を装うからである。これらの試みは構造の外部を求める。だが、それらは構造と共犯しており、決して言語そのものの外在性にたどりつくものではない。それらの企ては言語のつくる意味の世界に対して、反意味の世界を象徴的に、あるいは詩的に想像しようとする一種の批判的なロマンティシズムの次元を超えるものではない。

たとえば、ボードリヤールは「象徴交換」(échange symbolique)を合理主義的な「生産の論理」の外部にあるものとして称揚する。言語についていえば、象徴交換は、意味の留保なき消尽、廃絶によって、言語の生産的な営みを無化し、エロティックなものや聖なるものを象徴的に享受する経験になるのかもしれない。

また、クリステヴァの場合は「ル・セミオティック」(le sémiotique)を「ル・サンボリック」(le symbolique)の生成以前にある、根源的で断片的な記号＝痕跡として設定する。ル・セミオティックはあらゆる意味が壊乱するような言語の極限的な経験であり、そこでは分節不可能な欲動が波のように言語をざわめかせるのかもしれない。

しかし、象徴交換／生産の論理、あるいはセミオティック／サンボリックといった対概念《ペアー》は、同じ言語の異貌の双生児である。それらは互いに不在しあうことによって補完しあう、同じ言語の内部にある二つの過程にすぎない。それらは決して言語そのものの深い欠落へと人間の思考を突き落とすものではない。結局のところ、ボードリヤールも、クリステヴァも、言語学的理性の裏面から、一個の反理性、ある壊乱の機械によって撒き散らされる「もう一つの声」を要請し、その声の異生性《エテロジエニテ》にロマンティックな特権を付与しているのだといえよう。

フーコーのいう〈外〉とはこのようなロマンティックな異生性のことではない。彼は批判的な逸脱や侵犯の可能性に遊ぶのではない。彼は言語を意味するものとして賦活する主体＝主観性に対し、その壊乱のテーゼによって対立するのではない。フーコーはこの対立の〈外〉に向けて、われわれの言語に対する態度を転回させる。そしてこの〈外〉に横たわる言語の存在を、歴史的、系譜学的な事実（＝出来事）として分析するのである。

III　これはパイプではない

言語のなかの空洞

言語の〈外〉とは、言語の存在を限る空白《マンク》の闇である。言語はこの白い闇に蝕まれた樹木のように、さまざまなかたちをした欠落を抱えている。ある時代には誰も言わなかったことが次の時代には言われるように、また、ある時代には見えていたものが次の時代には見られなくなるように、この欠落のかたち——それが言語の経済である——は次々に変容していく。だが、いずれにしても、一つの時代はその時代に固有の欠落《マンク》から出発して何かを語っているのである。

ルーセルはすでにこうした言語の〈外〉、つまり言語の深い欠落を言語の存在条件として発見していた。そして「言語が語るのは、言語にとって欠くことのできない一つの欠如から出発してのみである」という根源的な直感を、フーコーは自分の分析論のかなめに位置づける。彼はこの直感を歴史的な分析の原理にまで高めるのである。

フーコーはルーセルの問題、言語の欠落という問題を歴史的な問題意識をもって通過する。彼が新たに企てるのは、その欠落の歴史的で具体的なかたちの分析である。ただ一つの言語があるのではない。さまざまな言語が存在し、その存在ごとに、欠落のかたちが変容していく。すなわち言語の経済が変容していく。フーコーはこの変容の過程を、そこに働く力の関係を通じて捉えようとするのである。

しかし、言語の〈外〉というのは単に言語の欠落として散らばり、漂っているのではない。言語の〈外〉とは言語の純粋な非存在であり、言語の触れることのできない非在である。それは言語というボリュームの内部にも深く浸透している。言語のなかに揺らめくこの非在ないし空洞を露呈させることはできないものなのか。レーモン・ルーセルが考えたのは、言語という光明のなかに揺らめくこの白い空洞を覗き見るための手法である。

フーコーは常にこの種の空洞ないし非在を透かして歴史と呼ばれるものを見ていたといえよう。むしろこの空洞ないし非在をはらみながら、ある時代の言説が繁茂するのである。空洞ないし非在は未来の冷たい墓石の内部のようにその時が来るまで見えはしない。墓石とその内部が露わになるのは、その時代が終わり、誰かによって調べられたときだけである。

ルーセルの手法

レーモン・ルーセルは『アフリカの印象』『ロクス・ソルス』『額の星』『太陽群の塵』などの作品群を残している。彼はこれらのテクストをある「手法《プロセデ》」を用いて書いたという。この「手法」については、彼の死後出版になる『いかにして私はある種の本を書いたか』や、彼の実際の作品のなかに示唆されている。フーコーはルーセルの「手法」を検討し、ルーセルが言語に対してどのような理解可能性を示したのかを明らかにしようとする。

アラン・ロブ゠グリエがいうように、ルーセルの作品は「いうべき何ものか」、ないしメッセージと呼びうるようなものをもっていない。それは中身が空っぽであり、その意味では「営みの不在」であるような作品である。それは言語以外のものを表象することから生じる濁りをもたない、純粋に透明な言語からできているともいえるし、言語というマチエールそのものを露わにしているともいえよう。ルーセルの小説は本質的には言語についての言語という相貌をもっている。そこに現れるのは言語そのもの、つまり自分自身と戯れている言語である。

言語はその営みの不在においてもそれ自身の存在をもっている。ルーセルは言語のこの存在そのものを露呈させようとして、言語をねじり、回転させ、引き離し、響き合わせる。ルーセルはまだ誰も覗いたことのない、言語の不思議な存在を綿密に調べる。そのとき彼が見出すのは、言語の純粋なボリュームであり、そしてその言語の厚みと同一性を無言のうちに切り裂いている空白ないし非在であった。言語の核心に潜むこの空洞から出発して、彼は自分のテクストをつくりあげようとするのである。

ルーセルの作品は秘教的だといわれる。だが、彼の作品が謎めいて見えるとしても、そこには賢明に沈黙した秘密とか、隠されたメッセージのようなものはない。あるとすれば、それは言いがたい空白であり、この空白ないし非在を抱くことによって、彼の言語にはある不確かさがつきまとうのである。われわれは整然と並べられた語を読みつつ、今読んでいるのはそれとは別の語であるという意識、あるいは語の同一性のためのいかなる基準も、支えもないという不安を覚える。彼の言語は根源的に決定不能な空洞に向かって開かれており、それが彼の言語を不思議にきらめかせるのである。

差異と反復

たとえば、『アフリカの印象』という作品の萌芽となった、『黒人たちのあいだで』(*Parmi les Noirs*)というコントを見てみよう。そのコントは次のような文章で始まる。

古びた撞球台のクッションに記された白墨の文字は、わけのわからない集まりを形づくっていた。(Les lettres du blanc sur les bandes du vieux billard formaient un incompréhensible assemblage.) ……

そして物語の結末は次のようになっている。

——あなたの考えでは、今年出版されたもっとも感動的な作品《エクリ》は何ですか。

みんなは『黒人たちのあいだで』を読んでいた。だから、バランシェが鉛筆を手にし、手帳の上にゆっくりと次のように綴ってみせたとき、私の答はすぐにわかったのだった。

——年老いた…略奪者…の…部族…に関する…白人…の…手紙。(Les lettres du blanc sur les bandes du vieux pillard.)

最初の文章の「billard 玉撞台」のbをpに変えると「pillard 略奪者」となり、最後の文章が得られることがわかる。物語は「古びた撞球台のクッションに記された白墨の文字」から始まって、「年老いた…略奪者…の…部族…に関する…白人…の…手紙」で終わっている。

最初の文章とそっくりな文章が最後に「反復」されているように見える。つまり形態がそっくりな二つの文章がある。だが、よく見ると、反復文には微小な「差異」(b≠p) が忍び込んでおり、これによって同一性のなかに距離が現れ、意味がずれ、異なった文章、そして異なった形象が現れることになる。

微小な差異を通して、異なった文章が言語のなかに入り込み、言語は二重化されてしまう。そっくりな反復が可能であるのは、このごくわずかな形態上の差異を通じてなのである。ここでは、

反復と差異とはおたがいの中になんとも深く食いこみ、実に精確に合わさっているので、どちらが最初であるか、どちらが派生的であるかを言うことは不可能なほどである。(豊崎光一訳『レーモン・ルーセル』)

こうして物語は、言語の同一性を切り裂く空洞、そこに覗く隔たりを埋めるために展開されるのである。

同一者とその分身

ルーセルは独自の手法によって言語のボリュームを回転させる。彼はこの回転によって、元のものとは異なる反復、同じものに帰一する差異という「言語の戯れ」を演出して見せる。言語の同一性のなかに微かな空洞が現れ、その同一性のなかに意味の差異によって隔て

られた二つの系列を出現させる。『レーモン・ルーセル』では、たとえば次のような例があげられている。

vers de la doublure dans la pièce de Forban talon rouge ——『かかとの赤い盗賊』という戯曲に出てくる代役の詩句

les vers de la doublure dans la pièce du fort pantalon rouge —— 丈夫な赤いズボンにつけた裏地に巣喰っている虫

わずかな形態上の差異によって空洞が口を開き、言語の同一性を切り裂くと同時に接合する。言語はその同一性のうちに自分の「分身」(double)をもっているのである。それだけではない。分身のなかには、この世のものとは思えない異様な事物があり、そうした非存在が言語のなかをうろついている。ルーセルはそうした非存在の世界、「ありそうにないものの王朝」(dynastie de l'improbable)を明るみに出す。たとえば、

Crachat à delta——三角州状の唾／デルタ文字型勲章

Boléro à remise——値引きしたボレロ（衣装）／車庫で踊るボレロ（ダンス）

Dragon à élan——躍動する竜／羚羊を連れた醜女

こうした言語の二重化を可能にしているのは、言語のなかに潜む空洞である。互いに見知らぬ分身たちがこの空洞を介して気ままに入れ替わる。ルーセルはこの空洞に向かって開かれた表現の空間を自分の仕事の場所にする。空洞は言語の同一性のなかに、言語を二重化する「距離」をつくりだす。言語の内部にこの空洞がさまざまなかたちで広がり、徘徊することにより、言語は二分四散し、また異様な結びつきを見せるのである。

こうして、ルーセルはその手法をさらに複雑で巧緻なものに発展させていく。フーコーはこの他にも、「第七天使をめぐる七言」（豊崎光一・清水正訳）という論文で、ピエール・ブリッセ（Pierre Brisset）を取りあげ、ブリッセが、ルーセルのように、ごくわずかな差異を除いてそっくり同じ言葉を用い、「だじゃれ」を組織的に実践しているのを検討している。ブリッセの場合は、ある同一性をもった言葉のなかで、わずかな音の差異によって次々に生まれる分身たちが大きな車輪のように回転していくのが見られる。ここでも、言語の同一性は自分の分身を生み出す空洞に浸透されているのである。

語る主体の同一性は言語の同一性を前提にしているとすれば、この透明な空洞（「ありそうにないものの王朝」が宿る場所）は語る主体の支配にとって恐るべき空虚である。空洞が生み出す二重化、分裂、異様な結合によって、語る主体の同一性は揺らぎ、分身たちの戯れのなかに見失われていくからである。

宙に浮くパイプ

空洞とは、事物や思考の同一性を支える、あらゆる舞台、場、テーブル……そういったものの不在である。ルネ・マグリット（René Magritte）は、この底無しの空洞を絵画によって表現することを試みている。

フーコーが取りあげたのは、『二つの謎』に代表される一連の作品である。これらの作品では、いずれも画面に「パイプ」のイメージが描かれ、その下に「これはパイプではない」(Ceci n'est pas une pipe）という文が書き込まれている。「イメージ」（画像）と「テキスト」（文字）という二つの要素が同じ画面のうえに存在しているが、明らかに両者は非両立であるように思われる。どう見ても、そこに描かれているのはパイプという物であり、書き込まれた語はそれがパイプではないと言っている。

もちろん、テキストの主語である「これ」という代名詞が指示しているのは、そこに描かれたイメージが表象する「パイ

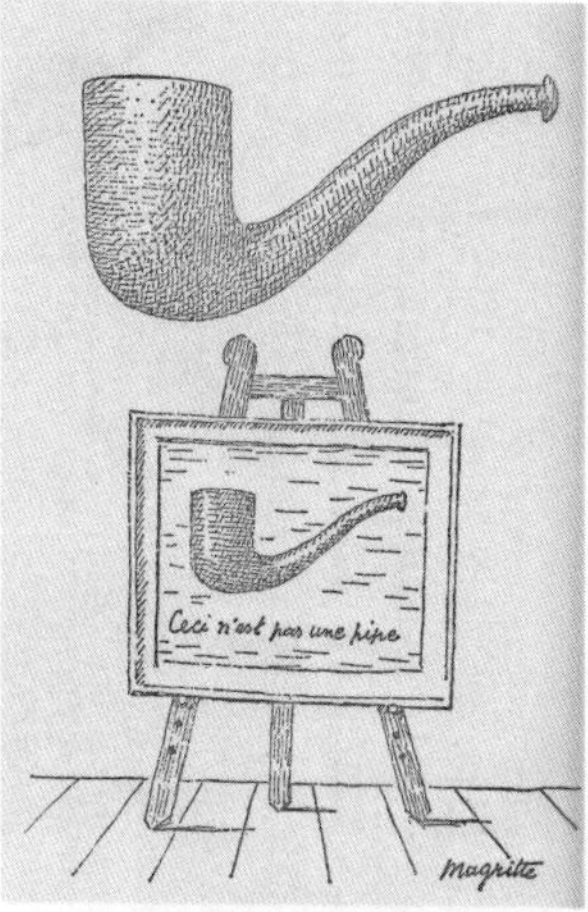

マグリットの『二つの謎』(*Les Deux Mystères*, 1966)：画布の中のパイプの下には「これはパイプではない」と書かれている。

プ」ではないというなら、話は別である。たとえば、「これ」が指示するものとして、そこに書かれた文章そのもの、あるいは「これ」という代名詞自身、あるいはそこに描かれたパイプの「絵」など……を次々に考えれば、確かにそれらはいずれもパイプそのものではない。従って、矛盾は取りあえず回避されるだろう。

だが、そのような逃げ道は問題を真に解決するものではなく、矛盾を形式的に回避したのにすぎない。このやり方では、「これはパイプではない」とされるものは次々に増えていくだろう。それは悪無限である。そして「……はパイプではない」と、増殖する否定の声の上方には、まがうことなきパイプが黙って浮かびあがっている。最初の不思議な感覚はますますつのるばかりである。

不思議の由来

やはり、われわれが絵を見るときの慣習というものがあり、その慣習から出発して、作品が提起する問題をじっくり考えてみなければならない。その慣習は「イメージ」と「テキスト」を不可避的に関連させる。「これ」がそこに描かれたパイプを意味することは避けがたいのである。われわれはそこで、「パイプではない」というパイプ、無限に宙吊りにされた、不思議なパイプを見る。問題はこの不思議さの由来にある。

フーコーはこの作品の不思議さの所在について次のように述べている。

人を途方にくれさせるのは、文を画に関係づけ立ち戻らせることが不可避的である（指示詞と、パイプという語の意味と、図像の似ていることとがわれわれをそう仕向けるように）ということであり、しかもこの言明が真であるとか、偽であるとか、矛盾しているとか言うことを可能ならしめるような平面を定めることが不可能であるということなのである。（豊崎光一・清水正訳『これはパイプではない』）

パイプという主題をめぐって、「イメージ」と「テキスト」が矛盾したまま相互に関連しあっているように見える。だが、「テキスト」の語っていることを真とか、偽とか判断しうるためには、両者が関連しあうような「共通の場」が必要である。たとえば、「テキスト」がメタ言語として「イメージ」を説明するというように、一つの階層的な秩序が設定されていなければならない。

だがそうすると、両者は互いに照合しあい、ここでは「テキスト」と「イメージ」のどちらか一方が誤りだということになる。しかし、マグリットがこんな簡単なことを間違えるわけがない。「テキスト」と「イメージ」はいずれも、それ自体何ら不審なものではなく、むしろ自分の正しさを主張している。それゆえ、マグリットが示したかったのは両者の単純な矛盾ではない。両者は矛盾しているのではなく、慎重に隔てられているのである。ただ、われわれの目には両者を絶対的に隔てている白い溝のような空洞が見えない。

透明な空洞に横切られることにより、「テキスト」と「イメージ」とのあいだに設定されるべき階層的な秩序、すなわち「共通の場」が消滅させられているのである。両者は異なる〈場〉に属し、相互に外在しあっている。この「共通の場」の消滅とともに、線で「描かれた画像」と文字で「書かれた文」がそこに共有していた「パイプ」も決定的に逃れ去ってしまう。テキストはこのパイプの失踪を確認するかのように「これはパイプではない」と独り言をいうのである。

絵画の前提

フーコーによれば、一五世紀から二〇世紀に至るまで、西欧の絵画には二つの基本的な原理が見られるという。一つは、「造型的な表象」(イメージ)と「言語的な対象指示」(テキスト)とが分離されるということである。前者は類似によって人の目に示し、後者は差異を通じて語る。両者は異なるものであり、融合することはない。ある線の集まりが「見える画像」であり、同時に「読まれる文字」であることはできない。

したがって、両者を同じ平面で関連させるには、それらのあいだに何らかの従属関係、あるいは階層的な秩序を設定することが必要である。この秩序への所属において両者は相互に関連しあっている。たとえば、文が画像を規制し、説明するとか、逆に画像が文を規制し、図解するとかいうふうにである。このように設定された階層的な秩序が文と画像にとっての「共通の場」となる。

西欧絵画のもう一つの原理は、「類似」と「肯定」との等価性を主張するものである。画像がある物に「似ている」という事実は、画像とその物とのあいだに「表象（再現）のつながりがある」ということを肯定し、断言することに等しい。たとえば、パイプにそっくりの画像があるとすれば、この類似の事実は、その画像がパイプを表象していることを肯定している。

「画像がある物と似ている」＝「画像がその物を表象している」

類似は肯定＝断言と等価である。ある図像がある物に似ているとき、ただこの似ているという事実によって、「あなたが見ているものは何々です」と肯定し、断言する言表が画面に忍び込むのである。それゆえ、言語的な要素が一切排除された画面のなかにも、類似を通じて一つの言説が導入されていることになる。すなわち、絵画は言語とは異質なものとして、言語の外に形成されながらも、実は類似を通じてさまざまに語り続けてきたのである。それは造型的な表象が沈黙のうちに言説の空間に依拠していたということである。

隔たり

西欧絵画の伝統を支配する二つの基本原理――言語記号と造型的要素との分離、そして類似と肯定との等価性――は画像と文字とを区別しながら、両者のあいだに「共通の場」を設定するものとして機能する。第一の原理により、画像と文字は異質なものとして分離されるが、第二の原理により、画像はある肯定＝断言の言説となり、文字があらわす言説の空間と交わることになる。すなわち、両者のあいだには一種の「共通の場」が確保されるのである。この「共通の場」は、そこで文字と画像とのあいだにどんな従属関係が設定されるかによって、その具体的な構造が定まってくる。

マグリットの『夢の鍵』では語とイメージが食い違う。それは謎めいた夢の内容を解読するための鍵（暗号）として用いられるかもしれないが、その場合は語とイメージのあいだに隠された「共通の場」を設定することになってしまう。他方、『二つの謎』では、画像と文字は階層的な従属関係からすり抜け、両者に「共通の場」は消滅する。文字によって画像が規定されようとするとき、画像がその規定からすり抜けていく。文字は無限の否定をくり返すが、画像は文字が規定しようとする空間から失踪していく。文字と画像は隔てられ、相互に外在しあっている。文字はそのタブローの上では画像に出会うことができないまま、宙に浮いた言葉のように浮かんでいるのである。

ロートレアモンの詩句では、「洋傘」と「ミシン」という二つの異質な要素は「解剖台」という共通の場で出会っていた。だが、マグリットの「これはパイプではない」のシリーズでは、文字と画像は相互にすれちがう。文字と画像は同じ平面で矛盾しあうのではなく、互いに無関係であり、深い空洞によってトポロジカルに隔てられているのである。問題はこの「隔たり」である。マグリットにおいて、二つのものの非両立性はこの「隔たり」を浮かびあがらせるかたちで呈示されている。

フーコーにおいても、言葉と物が出会うのは深い「隔たり」を介してであった。両者のあいだには深い外在性が支配している。だが、すでにある思考の内部では両者を分け隔てる空洞は見えず、そこにはいつも何らかの共通の場＝秩序が設定されている。言葉と物の同一性を支え、その真偽を判断するための秩序は幾度となくつくり直される。ある時、人はこの秩序のなかで語る主体となる。しかし、この可変的な言説の秩序の下には、冷たい墓石のなかに貯えられたものと同じ、あの深い空洞が広がっている。マグリットはこの空洞を見るために、奇妙な透視図法を用いたのだといえよう。

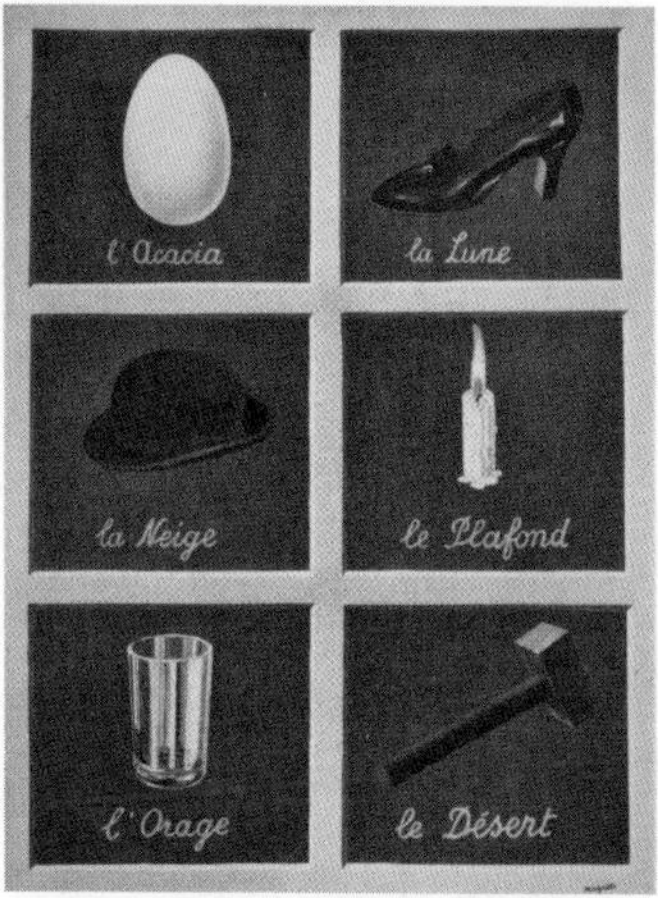

マグリットの『夢の鍵』(*La clef des songes*, 1930)：卵の絵の下にアカシア、靴の絵の下に月、帽子の絵の下に雪……と書かれている。

第四章　権力と主体の問題

はじめに

本章では、まずフーコーの「言説分析」の方法や内容を検討する。第一に、言語の存在を捉えるという根本的な視点にもとづいて「言説」の問題を考えてみる。知の領域を形成する言説とは何であり、どのように編成されるのか。また、その言説は非言説的な領域とどのような関係にあるのか。この二つの問題を中心に見ていくつもりである。

次に、言説と非言説的な実践とが絡み合ってできる権力の装置を分析する。これは「権力分析」という水準にある問題で、言説分析はこの権力の分析に発展していく。具体的には、監獄における一望監視施設や、性現象（セクシュアリテ）における告白の儀式を準拠点にして、諸個人を主体化する近代社会の権力装置を分析することになる。

ここまでは「権力の問題系」に属している。この権力の目的は諸個人の身体を「主体化」することである。したがって、本章のⅠ、Ⅱを通じて「知―権力―主体」という関連がテーマになる。

最後に、本章のⅢでは、権力の問題系から離れて、「自己の問題系」に入っていく。この問題はフーコーの死によって中断された格好であるが、『性の歴史』第二巻、三巻を主な準拠にして検討することができるだろう。ここでは「知—自己—主体」という関連がテーマになる。ここで「自己」というのは権力との関係ですべての人に規範的に強制される主体ではない。それは自分の生に美的価値や倫理的な様式を与えようと努力する主体としての自己であり、誰もが容易にそのような主体になれるわけではない。

この問題系の移行の前には長い沈黙があった。だが、フーコーはその間の講義や思索を介してこの「自己の問題系」をまとめあげていくのであり、そこでは、普遍的な強制の形式としての「主体」とは別に、自己の錬成の様式としての「主体」の問題が提出され、検討されていく。そこには一貫して西欧の「主体」の系譜を考えるという強い姿勢が認められる。

なおフーコーは、晩年の講義で、権力の問題系の分析を統治という水準に移し替えると同時に、それを自己の問題系に連結させることによって、真理の問題系を、排除の装置としての「真理への意志」ではなく、自己と他者の統治にかかわる「真理の勇気」という水準で思考する場を開いていった。ここでは直接その問題を扱わないが、古代社会の研究による、自己や主体化の様式に対する考察がこの問題化の基本にあることは確かだろう。

I　言説の分析

言説とは何か

フーコーが設定した問題は、言語をその存在《エートル》において捉えることであった。この問題設定は、消極的には、①言説の責任者である「語る主体」への準拠、②言語表現をその形式的な構造に還元すること、という二つの陥穽――理解可能性――を同時に回避することを意味していた。それは積極的には、言語を一般的な可能性の体系としてではなく、実際に生じた出来事として、その実定的な存在において捉えることを要求する。

言語がその存在において問題とされるなら、その存在を組み立て、支えている「相関項」が明らかにされねばならない。フーコーは、その存在における言語のことを「言説」（ディスクール：discours）と呼んでいる。そして言説のもっとも基本的な単位を「言表」（エノンセ：énoncé）として規定する。言説の相関項はこの言表という基本的な次元で捉え直される。

言表もまた記号的な要素の連なり（記号列）である。だが、その存在様態は、①文法的な規約によって成立する「文」（phrase）、②公理体系あるいは論理的な構築の総体に帰属する「命題」（proposition）、③一定の文脈のもとでその明示的な表現自体のうちに遂行される言語行為――発話内行為（acte illocutoire）、といった記号的な単位のいずれとも等価ではない。

言表が文や命題や言語行為などの外見をもったとしても、言表を規定し、言表に相関する空間は、①文法、②公理体系、③文脈のいずれでもない。諸記号が言表として機能するとき、文法や、公理体系や、文脈（の認知）は必ずしも必要ではない。言表は純粋に言語学的な範疇に属すのではなく、社会＝歴史的な諸条件＝相関項に支えられることによってはじめて、その固有の存在《エートル》をもつと考えるのである。

言表の相関項

言表するということは、諸記号にその現実的な存在《エートル》を与えることである。そこでは言表機能が行使されている。いいかえれば、言表機能の行使によって、諸記号はその存在を与えられ、出来事として、つまり言表として出現することになる。

この言表機能を支える条件として、次の四つの「相関項」が必要である。

①言表が関説する対象領域
②言表を語る主体の場所（制度的な位置）
③言表が共在する領野（隣接する言表群）
④言表がその制度的な物質性に支えられて使用される空間

この四つの相関項に支えられて行使される「言表機能」は、諸記号に対して次のように働く。

①諸記号に意味を与えるのではなく、諸記号をある一定の対象領域に関係づける。
②諸記号を一個の主体（＝起源）に関係づけるのではなく、諸記号を語ることのできる主体の位置を定める。
③諸記号を独立した一つの単位として固定するのではなく、それらを他の諸記号と隣接し、共在する一領野のなかに位置づける。

④諸記号の文法的・形式的な同一性を決定するのではなく、諸記号が使用され、反復される言表空間の同一性を決定する。

ここに見出されるのは、言表機能が行使される一領野である。そこには孤立した原子的「言表」ではなく、一定の言表群が存在する。だが、この言表群がそのまま言説として存在しているのではない。言表機能の「相関項」を通じて働く戦略的な力の関係に媒介されてはじめて、言表群は「言説」として編成されるのである。

危険な言説

言語の存在は限られている。それは無際限にあるわけではなく、また人がまったく自由に創造し、使用できるものでもない。そこには言語の存在を制限し、稀少化するエコノミーが働いている。この戦略的なエコノミーは言表機能の「相関項」を通じて働く。この言説の経済に裏打ちされて、一連の言表群が組織され、「言説」として編成される。すなわち一時代の「言説」の実定的な配置が決定されるのである。

あらゆる社会において、言説はそれを制限し、稀少化するある一定の力の関係に従っている。つまり、人びとは言説の出現にずっと気を配り、さまざまな手続きによって言説の生産を注意深く統御してきたのである。言説の恣意的な出現を回避する人びとの執拗な努力は、フーコーがいうように、言説がどこか恐ろしく、危険な力を秘めたものであることを暗示している。それでは人びとが言説に対して覚える不安とはどういうものなのか。

言説が語られたり、書かれたりするとき、その聴覚的あるいは視覚的な物質性は、言説の主体であるわれわれを離れてそれ独自の存在をもつ。それはやがて消えていく存在であるが、われわれには属さない、ある種の持続性をもっている。人びとは、言説が自分たちとは別の次元に属す重い実在であることに、何か不安な思いを抱いている。

また、われわれは古くより使われてきた多くの言葉――今ではその表情を和らげているが――を通して過酷な闘い、勝利と敗北の交錯、支配と隷属の関係などを垣間見ることができる。それらの言葉の底には、われわれの日常的な世界を超えた、うまく想像できない、ある危険な力がうごめいているように思える。人びとは、言説の領野に働いているであろう未知の危険な力に対して、言いがたい不安を覚えるのである。

実際、言説の生産を考えると、そのまわりには何重もの禁止や、排除や、統制や、制限の諸システムが働いている。それらは言説の生産を注意深く統御している。この統御のメカニズムにより、言説は気ままに増殖するのではなく、たえず一定の限度内に制限され、稀少化されている。そこには言説編成の戦略的なエコノミー（節約の仕掛け）が働いている。

稀少化のシステム

言説の生産を組織的に統御し、言説を稀少化する手続きとしてどのようなものが考えられるのか。『言説の秩序』（コレージュ・ド・フランスの教授就任講義を公刊したもの）では、①言説の外的な排除、②言説の内的な統制、③言説の所有の制限、という三つの様式が設定されている。

第一に、言説の生産を言説の外側から拘束し、稀少化する手続きのシステムがある。それは一定の規格に合わない言説を区別し、排除するもので、この「排除のシステム」には次の三つの型が考えられる。

(a)性や政治の問題について語ることを「禁止」するシステム。

(b)狂人の言葉を流通しえないものとして、理性の言葉から区別し、これを「排除」するシステム。

(c)言表がその意味や、形式や、対象や、指示するものとの関係などにおいて「真理」の言説であるという基準を充たすように強いるシステム。ここに働いているのは、言説を通して作動する、排除の仕掛装置としての「真理への意志」である。

第二に、言説の生産を言説の内部から統制し、稀少化する手続きがある。それは言説の生産を内的に統制するもので、この「統制のシステム」には次の三つの型が考えられる。

(a)新しい言説の生産ではなく、すでにある言説の「注釈」を行うように強いるシステム。

(b)言説の分散や不確定性を食い止め、言説の「作者」の個人的な同一性のうちに言説の生産を制約するシステム。ここでの作者とは、言説に統一性、理解可能性、現実との関連を与えるものである。

(c)言説の恣意的な発生を食い止め、「学問」という規格化された形式のもとに言説の生産を統制するシステム。

第三に、言説を所有することのできる主体を制限することにより、言説を稀少化する手続きがある。言説を「語る主体を制限するシステム」として次の三つの型が考えられる。

(a)「儀式」という制限のシステム。裁判、宗教儀礼、政治的儀式、会議など、そこで言説を語るためには、その「儀式」に参加し、発言資格をもつ主体でなければならない。

(b)「言説の社会」という制限のシステム。閉じられた空間のなかで言説を創造し、保存し、流通させる排他的な社会集団が存在する。たとえば「言論界」は専門領域、著作家、出版のシステムなどのうちに制度化されており、語る主体を特定の人びとに制限する。

(c)「学説」という制限のシステム。それは言説を通じて、語る主体の社会的な帰属と同時に、その言表行為の型を厳しく限定する。

(d)「教育」という制限のシステム。それは一定の人びとに言説——その知と力とともに——を配分し、言説のこのような所有を維持し、あるいは変容させるシステムである。

これらの儀式、言説の社会、学説、教育のシステムは互いに結びつき、さまざまな言説とそれを語る主体とのあいだの適切な関係を規定している。これらのシステムでは、その適切な位置から外れた人びとは語る主体にはなれないのである。

二重の分析

フーコーは『言説の秩序』において、言説の分析には二つの、相補う局面があるという。それは、(a)「批判的な分析」と、(b)「系譜学的な分析」である。言説分析は表裏をなすこの二つの局面によって支えられることになる。

「批判的な分析」は言説に課せられた稀少化の働きを分析する。われわれはすでに言説を稀少化する「外的な排除」、「内的な統制」、「所有の制限」といったシステムについて見てきた。批判的な分析はこれらの稀少化のシステムが言説の生産を制限する局面を分析する。

他方、「系譜学的な分析」は、このような稀少化のシステムを通して与えられる言説をその積極的で肯定的な力において捉えようとするものである。与えられた言説は一体どのような「実定性」(positivité)――そのなかである事物について語り、またその命題が真であるとか偽であるとか判断することができるような一定の対象領域――を形成するのか、これが系譜学的な分析の対象となるのである。

系譜学的な分析は、言説のさまざまな系列《セリー》がある実定的な対象領域を形成するものとして具体的に編成される仕方を明らかにする。すなわち、ある一定の規則を伴う、種々の「言説編成」(formations discursives) の分析である。この言説編成の分析とともに、個々の言説の系列を定めている規範はどのようなものなのか、それらの言説の系列の出現や、増殖や、変容を規定する諸条件はどのようなものなのか、こうした問題が明らかにされねばならない。

言説はさまざまな稀少化のシステムを通過しながら、そしてそれらの稀少化のシステムによって選択されながら編成される。それゆえ、言説の積極的な編成は稀少化の諸形態をそのなかに含み込んでいるともいえる。いいかえれば、稀少化の諸形態はそれだけで存在するものではなく、言説の規則立った編成の内部ではじめて具体化するのである。

系譜学的な分析は、現実の編成のなかで働いているさまざまな稀少化のシステムを常に考慮しなければならない。フーコーは、批判的な分析と系譜学的な分析とのあいだの差異は、対象や領域ではなく、その接近の仕方、展望、境界設定などであると述べている。

非言説的な実践

言説は言うことの次元に属している。だが、言うことの次元に属さないものがある。それは「非言説的な領域」(domaines non discursifs) と呼ばれ、たとえば社会的な制度や組織、政治的な実践や出来事、経済的な実践や過程などが含まれる。問題は言説と非言説的な実践との関係である。言説はある一定の非言説的な実践の領域と交わりながら分節される。しかしながら、言説がその独自性、自律性をもっていることに変わりはない。

第一に、言説は社会関係や政治的実践の反映とか、あるいは経済的な過程に規定される上部構造のようなものではない。言説は非言説的な実践から垂直的な因果関係によって生み出されるものではないのである。第二に、言説と非言説的な実践との関係は決して記号とその指示対象との関係ではない。すなわち、言説によって意味されるものとして非言説的な実践が存在するのではない。第三に、言説と非言説的な領域とのあいだには象徴的な関係とか構造的な対応関係のようなものはない。

では、言説と非言説的な実践との関係はどうなっているのか。非言説的な実践は言説が分節される環境（milieu）ないし場を形成する。言説編成とこの環境形成との関係について積極的な分析が示されるのは、しばらく後に刊行された『監獄の誕生』（一九七五年）においてということになる。そこでは、「刑罰についての言説」（刑法）と「刑罰の執行装置」（監獄）との関係に即して具体的に分析がすすめられる。

「刑事司法の言説」は社会防衛との関連で違法行為を刑罰と結びつける。刑罰の主要な目的は違法行為のつぐないをさせることであるが、それは同時に犯罪者を改心させるということを補足的な目標としている。第一に、違法行為のつぐないは「自由の剝奪」つまり拘禁という形式を用いる。自由は万人に平等に属する善であり、しかも人が自由を求める感情は普遍的かつ恒常的なものだと考えられるからである。第二に、犯罪者の改心というのは、犯罪を犯した個々人を矯正し、従順にし、社会化するということである。それは固有の意味での「行刑的な技術」を発展させることになる。

刑事司法の言説が求める、この二重の要請を充たすものとして、「監獄」という行刑装置が用いられることになる。それは犯罪者を受け取ると、彼らを拘禁して自由を奪い、矯正し、変容させる装置である。

監獄の失敗

だが、ここに問題がある。監獄は実際には刑事司法が意味するところのものとしては機能しないからである。刑事司法の言うところを基準にすれば、監獄とは壮大な失敗であるということになろう。それはむしろ犯罪を再生産する装置といったほうが妥当である。

実際には、監獄は非行を温存し、再犯を誘発させ、一時的な違法行為者を常習的な非行者に転化させるような閉鎖的な環境をつくっている。だが、それではなぜ監獄は無意味なものとして廃止されないのか。その失敗や批判にもかかわらず、監獄はなくならない。それは、監獄が刑事司法の言説とずれたところで、それ固有の重要な機能をもっているからである。

監獄は刑事司法の言説を前提としている。監獄は刑事司法が送り届けてくる人物を操作対象として受け取るからである。だが、刑事司法の言説が対象とする犯罪者と、監獄の行刑技術が対象とする囚人（受刑者）とは、まったく異質な水準にある存在である。前者は「法律違反者」（infracteur）であり、後者は「非行者」（délinquant）である。

刑法の言説は犯罪者をその違法行為において捉えるが、監獄の技術は囚人をその生活態度において捉える。「法律違反者」とは彼らの犯した特定の違法行為によって分類され、規定される存在である。他方、「非行者」とは、彼らが犯した具体的な違法行為そのものよりも、彼らの一般的な生活態度によって特徴づけられる存在である。それゆえ、監獄という行刑装置は「非行者」の生活史を認識し、彼らの生存の仕方そのものを矯正させようと努める。

「法律違反者」ということが意味しているのは、彼らが犯罪を犯したということ以上でも以下でもない。他方、「非行者」はそれだけにとどまらず、彼らの本能、衝動、傾向、性格などの複合体によって自分の犯罪と結びつけられるのである。行刑技術が対象とするのは、犯罪をめぐる法的な責任の問題というよりも、むしろ犯罪者自身がもっている犯罪性、その危険で、病的で、邪悪で、有害な「非行性」である。

監獄は、刑法によって規定された自由の剝奪である拘禁に、行刑的な技術という補足部分を付け加えた。だが、この行刑的な部分がある新しい概念と人物を生み出したのである。それが危険で有害な個人性としての「非行性」であり、そのような人物としての「非行者」である。一見すると、「非行者」がすでに存在するから、監獄が彼らを矯正しているように見える。だが、実際は逆である。監獄自身が厳しい行刑の技術を通じて危険な「非行者」を生み出し、あらゆる違法行為の可能性をもつものとして社会に循環させているからである。

自己準拠的な装置

監獄とは、刑罰制度の必要性を正当化する「非行性」――それはあらゆる違法行為の可能性そのものである――の概念と存在を生み出し、社会内に循環させるという機能をもった装置である。監獄を含めた刑罰制度は、自分の存在を正当化する基盤を、自らの効果として産出している。監獄はこのように刑罰制度の「自己準拠的な構造」を支えるという重要な機能性をもっているのである。

刑罰制度を人びとが受け入れるのはなぜかという問題を説明するのに、契約理論は「法的主体」というフィクションを仮設する。この主体は、自分が他者に対して有する処罰権を、他者にも同じように与えるというわけである。しかし実際には、自由な主体たちのあいだの相互的な権利譲渡、つまり社会契約という美しい公式を支えているのは監獄という暗い土壌である。監獄とその図式こそが、処罰権の無限な譲渡を支えているのである。

刑罰制度の自己準拠的な円環

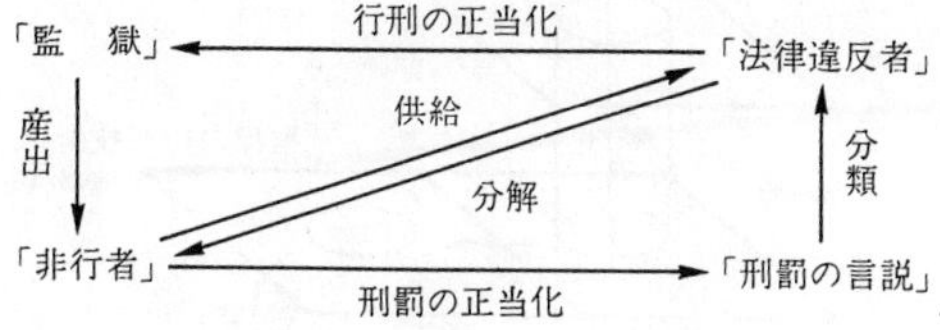

こうして見れば、刑罰制度というのは、違法行為を減らし、抑制するというよりも、むしろ違法行為の限界を示し、一定の範囲で違法行為を管理するという戦略によって動いていることがわかる。この戦略のなかで、「非行者」および「非行性」の概念はあらゆる違法行為の可能性を象徴しており、さまざまな違法行為を管理する刑罰制度の基盤となるものである。この重要な基盤を生み出すという機能性のゆえに、監獄は存続し続けるだろう。

権力装置

言説と非言説的な実践＝環境——両者は前提しあい、貫入しあ

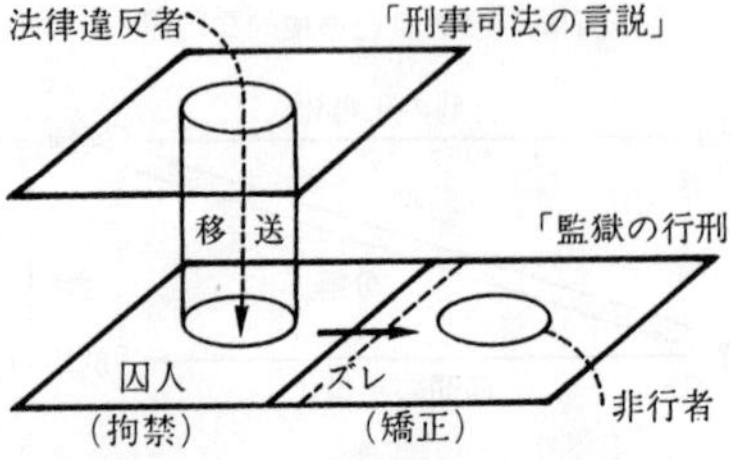

＊監獄は刑事司法の言説が意味する平面とはズレたところで機能している。それは刑事司法から法律違反者を囚人として受け取るが、この囚人を非行者として取り扱う。

うが、互いに異質なものとして機能する。

刑事司法の言説は刑罰の実践を監獄に依存する。他方、監獄は刑事司法が分類し、指定する人物＝囚人を受け取り、拘禁する。両者は相互に前提しあい、この人物＝囚人を通じて互いに貫入しあっている。とはいえ、両者のあいだには微妙なずれがあり、監獄は刑事司法の言説が意味するものとしては機能していない。刑事司法は違法行為を分類し、犯罪者をその「違法行為」において捉える。他方、監獄は違法行為を分解し、非行性という新しい概念を組み立て、囚人をその「非行性」において捉えるからである。

刑事司法の言説はその対象を可能な知の客体として分類する。行刑装置としての監獄はその対象を身体的に作用を及ぼすべきマチエール（素材）として取りあつかう。二つの実践は異質なまま互いに絡み合っている。だが、両者を結び合わせ、調整配置する、自己準拠的な円環を通じて、ある共通の「図式」(diagramme) が働いている。

その図式が指示しているのは、諸個人の身体を把捉し、これを「自由な主体」として形成することである。刑事司法による自由の剝奪も、監獄による非行者の矯正も、この図式に基づき、この図式を実現するために行われる。個人の身体を標的にして主体化すること、彼ら一人一人に「主体＝身体」という規格（ノルム：norme）を与えることが、二つの実践に共通の図式である。

この戦略的な図式との関連で、言説と非言説的な実践との調整配置を分析しなければならない。この調整配置は諸個人の変容という目的を遂行するわけで、全体として一つの権力装置をなしている。ここにおいて、言説の分析は権力装置の分析に発展することになる。

II　主体化の装置

二つの装置

フーコーが分析している西欧社会の権力装置は、諸個人の身体を操作対象とする政治技術論、つまり「身体技術論」として構成されている。それは言説と非言説的実践とを一定の図式によって調整配置したものであり、身体のレベルにある現実——たとえば監禁とか、セックスなど——を経由して諸個人に直接作用する。また効果の面からいうと、この権力装置は把捉した諸個人の身体をすべて「主体＝身体」として規格化するように働く。

諸個人をその多様性のままに捉え、その一人一人すべてを主体化する権力装置を図解するものとして、フーコーは次の二つの事例を分析している。

①監獄制度において囚人を収容する建築物である「一望監視施設」（パノプティコン：panopticon）。
②キリスト教社会が発展させた、「セクシュアリテ」（性的欲望、行動、現象などの総体：sexualité）の領域における「告白」の制度。

これらの装置はいずれも近代社会の権力機構を端的に図解するものであり、次の二つの特徴をもっている。

第一に、これらの装置は単に監獄や性現象《セクシュアリテ》の領域にとどまらず、社会の全域に一般化しうる作用モデルである。たとえば、パノプティコンの仕組みは監獄だけでなく、学校、工場、軍隊、病院などに適用される。また、「告白」の形式は宗教だけでなく、医学、精神分析、裁判、教育などの諸制度に適用される。

第二に、これらの装置における管理方式は、諸「個人」からなる近代的な「社会」空間を維持する基本的な技術論を構成するものである。その管理方式は諸個人の多様性を配慮しながら、彼らをその全体性において捉えるものであり、個別化と全体化という二つの原理を同時に充たしている。

パノプティコン

まず、一八世紀末ジェレミー・ベンサム（Jeremy Bentham）によって考案された理想の監獄建築であるパノプティコン（一望監視施設）について見ることにしよう。フーコーはその仕組みを次のように説明している。

原理はこうです。周辺には環状の建物、中心には塔。塔にはいくつかの大きな窓がうがたれていて、それが環の内面に向って開いています。周辺の建物は独房に分けられ、独房のおのおのは建物の内側から外側までぶっとおしになっています。独房には窓が二つ、一つは内側に開かれて塔の窓と対応し、いま一つは外側に面して独房の隅々まで光を入らせます。そこで、中央の塔に監視者を一人おき、おのおのの独房に狂人、病人、受刑者、労働者あるいは生徒を一人入れればいいのです。逆光の効果により、周辺の独房に閉じこめられた小さなシルエットが光の中に浮きあがっているのを塔からとらえることができます。（伊藤晃訳「権力の眼」）

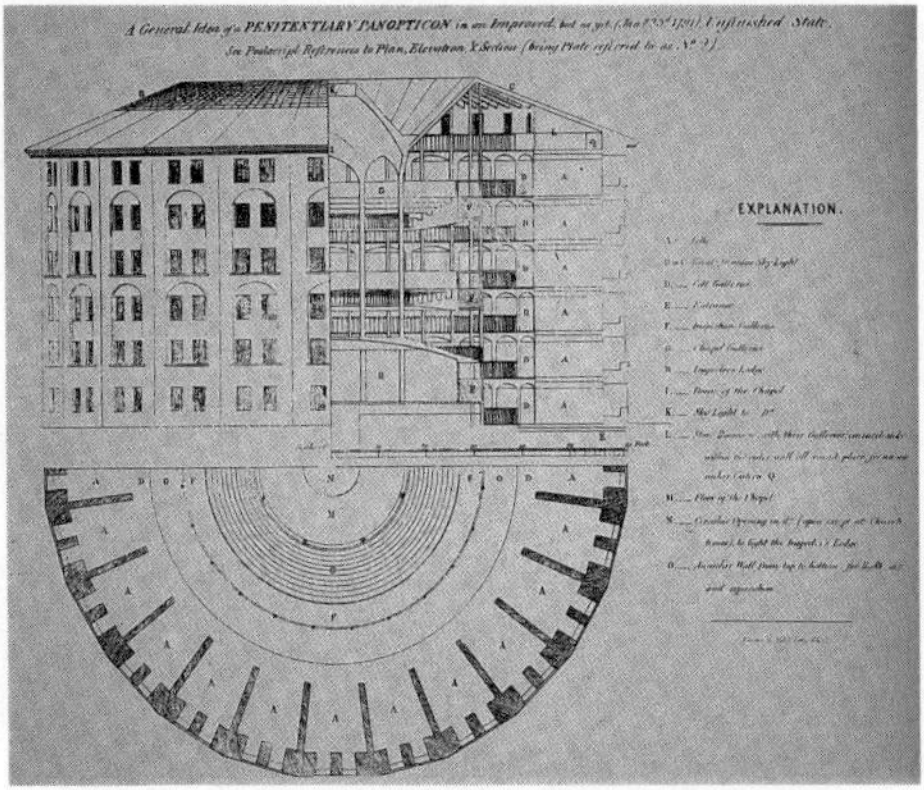

ジェレミー・ベンサムによるパノプティコン（一望監視施設）の図面

まず、パノプティコンは囚人を「個別化」する。パノプティコンのなかに閉じ込められた者はすべて、独房のなかに孤立させられる。次に、パノプティコンにおける視線の非対称性という問題がある。囚人には中央にある監視塔の内部が見えない。だが、囚人は中央監視塔からたえず見られている可能性があり、彼はそのことを知らないわけにはいかない。彼はこの「確証しえない視線」によって間断なく、一方的に見られる存在に変えられるのである。

この装置のなかで、囚人は自分の外面的な身体を中央監視塔にある権力の眼によってあますところなく奪い取られ、その存在を内面性の次元に還元される。彼はこの内面の主体としてはじめて自己自身に重なり合うことができるのである。だが、この自己の意識は中央監視塔にある権力への隷属関係を通して与えられている。

囚人にとって自分の内面は、明るい独房のなかの唯一の隠れ家であり、囚人が自己自身を取り戻す暗がりである。彼がその主体（＝アイデンティティ）を確保する場所としての内面性は、権力との関係を通して与えられている。すなわち、主体が自己自身に重なり合い、自己の意識（主観性）を獲得するとき、権力は常にすでにその意識の折り目に宿っているのである。

機械仕掛け

ベンサムがパノプティコンの原理として立てたのは、その権力が可視的で、しかも確証されないものであるということだった。そこから、この権力装置の機能上の諸特徴が出てくる。とくに重要な特徴は、①権力の行使が非常に経済的であること、②権力が没個人化されていること、③権力が自動的に作用することである。この装置は非常によくできた機械仕掛けであるといえよう。

第一に、パノプティコンは中央にある一個の監視塔によって、そのまわりに配置された無数の囚人を監視し、管理することができる。それは権力の運用コストを最大限に節約できるシステムであるといえよう。この経済性は権力というものを不可視で、匿名の存在とすることによって成立している。

第二に、この権力の実体はある特定の意志とか人格のなかには存在しない。この権力は「身体、表面、光、視線などの慎重な配置のなかに」存在しており、建物と幾何学的な配置以外のいかなる物理的な道具も、イデオロギーも使わない。それは身体のレベルを通じて囚人に直接作用する。

第三に、この権力関係を維持するのは、自分が見られているという意識をたえず覚醒させられる囚人自身である。そこで囚人は権力の眼を内面化し、自分で自分の状態

パノプティコンの内部：独房で中央監視塔のほうへ向き、ひざまずく囚人

を監視するようになる。ここでは権力の効果と強制力を支えるのは囚人自らであるように仕組まれている。

……その事態を承知する者（つまり被拘留者）は、みずから権力による強制に責任をもち、自発的にその強制を自分自身へ働かせる。しかもそこでは自分が同時に二役を演じる権力的関係を自分に組み込んで、自分がみずからの服従強制の本源になる。（田村俶訳『監獄の誕生』）

この装置は一種の自動機械のように働く。すなわち、閉じ込められた者が権力の関係を内面化し、自らその権力関係を維持する主体となるような「機械仕掛け」が設定されている。

牧人＝司祭制

キリスト教における「告白」の儀式では、中央監視塔と囚人との関係は司祭と信者である人びととの関係に置き換えられ、パノプティコンは教会の告解室に姿を変える。その独房のような薄暗い部屋では信者である人びとが間仕切りの向こう側にいる司祭に対して自分の秘密やセックスについて真剣に告白を行っている。パノプティコンでは知覚のレベルが重要な意味をもっていたが、ここでは知のレベル——告白における真実の言説——が権力関係を構成する重要な媒体になっている。

このタイプの権力は、ちょうど牧人（羊飼い）が羊の群れの一頭一頭に心を配るように、諸個人をその内面において捉え、たえず監視している。フーコーはこれを「牧人＝司祭型権力」と呼ぶ。牧人＝司祭制（pastorat）はキリスト教社会の組織化とともに発展したもので、近代社会では個人の形成という権力の基本的な手続きに組み入れられる。確かに、古代ギリシアやローマのいくつかの政治的なテクストには、牧人と羊の群れという比喩が見出される。だが、その内容は「牧人＝司祭型権力」のテクノロジーとは異なっている。

牧人＝司祭制において、諸個人はみな自らを救う義務がある。他方、牧人＝司祭はこの救済のために恒常的で個別的な心配りを献身的に行う義務がある。このような関係のなかで、牧人＝司祭はたえず個人を監視し、彼らの行動のすべてを知ることができる。そして、その監視と管理の力を個人の行動のすべて、そしてその細部にまで及ぼすことができる。しかも、牧人＝司祭は個人に対して「絶対の服従」を最高の価値として要求することができる。

フーコーはこのような管理と監視のための具体的な技術論として「告白」の実践に注目する。「告白」（aveu）は、中世以来、西洋の社会において、真理の産出が期待される主要な儀式の一つとして組織されていく。それは犯罪、裁判、悔悛などにかかわる、宗教的および世俗的な権力の次元において中心的な役割を担うものとして発展していったのである。

そもそも「告白」の法的な機能は「他者によってある人間に与えられる、身分、本性、価値の保証」としての告解にあった。個人は、他の人間たちに自分が何者であるかという保証を求め、また他者との絆を明示することによって自分の存在を確認してきたのである。だが、それが逆転して、ある人間が自分自身について語ることのできる、あるいは語らなければならない真実の言説によって、他の人間たちが彼の独自な存在を認めるようになる。ここにおいて、「告白」は権力による個人の形成という手続きの核心に現れるものとなったのである。

性の告白

「告白」の儀式において、諸個人は自分の牧人＝司祭に対し、その行為から魂の内奥の部分まですべてのことについて、とりわけ、たえざる誘惑の源泉である自分の「性」(sexe)についての真実を語ることが義務づけられている。

「告白」の基本的な構造を整理してみると、

①語る主体とその言説の主語とが一致することが要求される。

②単なる話し相手ではなく、牧人＝司祭という権力との関係において遂行される儀式である。

③告白の特権的な主題として「性」(sexe)の問題がある。

中世的な伝統では、この「告白」は性の掟に対する違反行為の告白であった。だが、一六世紀中葉のトリエント公会議以降、微妙な変化が生じる。告白における性の描写に慎重な配慮が求められると同時に、告白の主題としての性的なものの範囲は拡大し、快楽の作用にかかわるすべてに及ぶことになる。そして一七世紀には、このような性の告白がすべての良きキリスト教徒の義務として万人に適用される規則となるのである。

一八世紀のブルジョワ社会では、このような性の告白――性の言説化――はきわめて大規模なものになり、ブルジョワ的な個人の形成と深くかかわっていく。「告白」という形式において、性は、それによって個人が自分を理解し、自分の身体を一つの総体として手に入れ、自己の同一性（についての意識）を確立する重要な媒体として作用するからである。

ポワチエの教会の告解室（1989年）：入口左手に告白の予定時刻を書いた白い札が掛けられ、右奥には十字架を持つ彫像がみえる。

性とは決して簡単明瞭なものではなく、むしろ恐れと不安の対象である。性は、われわれの意志に反してわれわれの行動と実存を横切り、われわれの存在のすべてにかかわるが、常に謎めいた深い闇の部分でしかない。それゆえ、性の真実を求める知とは、自分のうちにあって自分の存在を切り裂くものについての知である。それは自己を自己自身にとって捉えきれないものとして、つまり「主体」として構成する知なのである。

ブルジョワ社会の発展とともに、「告白」の関係はその主体形成の図式を維持しながら、それが作用する場をずらしていく。それは教会の制度を超えて、裁判や、医学、精神分析、教育、家族関係、愛の関係など、社会のさまざまな領域に適用されていく。これと平行して、主体についての知、主体の科学が性のまわりに展開されていくことになる。

性の観念

「告白」の図式は、告白の対象として、ある性（sexe）の観念を前提している。すなわち、人間存在の深部に宿っている普遍的な本質であり、さまざまな「性現象」（sexualité）を生み出す源泉としての性の観念である。だが、このような性の観念は決して自然で自明なものではない。フーコーは、「告白」の装置が作動する基盤としての性の観念がどのようにして形成されているのかを明らかにしようとする。

近代ブルジョワ社会において、告白の前提となる性の観念は具体的には次のように規定されるだろう。

①性（sexe）は、生理学的－解剖学的な機構に根差しながらも、それ固有の本質と法則をもった自律的な領域である。

②性（sexe）という源泉からさまざまなセクシュアリテ（sexualité）が発生する。［セクシュアリテとは性的欲望、あるいは性的欲望を含め、性的行動、性についての言説など、性現象の総体を意味する。］

③性（sexe）の本質にしたがって、セクシュアリテも一定の規準ないし規格（norme）をもっている。

問題は、このような性の観念の強固な実定性を、権力との関連において系譜学的に解明することである。

フーコーが「抑圧の仮説」と呼ぶように、性に対する権力の関係はこれまで否定的なものと考えられてきた。権力はいつでも性にかかわる領域を抑圧し、排除し、検閲しているというわけである。だが実際には、権力は性について一様にそのような否定的作用を及ぼしているわけではない。むしろ告白や尋問というかたちで権力は性の言説化を煽動し、セクシュアリテの領域を積極的に生み出している。それを隠すという義務も、告白や尋問をより重要で厳格な儀式として機能させるための戦略として理解することができるのである。

しかも、それだけではなく、権力はセクシュアリテの領域においてもっと積極的に働いている。ブルジョワ社会の権力は性的欲望や行動について正常な規格（norme）を設定し、そのまわりに矯正すべき異常や倒錯のさまざまな形態を分節している。それはセクシュアリテの領域を単に抑圧しているのではなく、むしろ管理し、調整すべき一つの秩序として組織している。

かつて、サドにおいては性に正しい規格などなかった。だが、近代ブルジョワ社会は性的欲望や行動の綿密な規格化を行う。それは、①集団レベルでの人口政策（生殖行動の社会化）、②個人レベルではさまざまな産業組織に配置する諸個人の身体の規律訓練、という二つの根本的な課題に対応しているともいえよう。告白の営みも、このようなセクシュアリテの正常／異常（倒錯）という基本的な網目を通して主体とその真実を生み出すのである。

産出的な権力

近代のブルジョワ社会は性の表現や言説化を禁じるように見えて、実は、告白という形式でその言説化を執拗に追求し、セクシュアリテという実定的な一領域を組織していた。性の真実を残らず語らせる「知への意志」がこのブルジョワ社会を貫いている。

一八世紀のドイツでは、教育家のバゼドー(J. B. Basedow)や彼の始めた「汎愛派」の運動によって、思春期の性についての膨大な言説化が行われた。一九世紀英国のヴィクトリア朝では、ある無名の作家が若者の教化のためと称し、『わが秘密の生涯』という告白小説で自分の性生活を赤裸々に描き続けた。また一八六七年のフランスのある農村では、いささか頭の弱い季節労働の男の、それまでは見過ごされていた性的な行為が告発され、裁判所は有罪判決を下した。しかも医者や専門家たちによる検査や鑑定が行われ、彼らの報告書が出版さえされたのである。フロイトの精神分析もこのような「知への意志」のなかで性の言説化に科学的根拠を与えるかたちで登場したといえよう。

このように「知への意志」という戦略にもとづき、社会の底辺に張りめぐらされた微小な権力関係の網目を通じておびただしい性の言説が産出させられる。権力はそれらの言説を通じて、セクシュアリテという一つの実定的な対象領域を形成し、組織する「肯定的な力」として働いている。この産出的な権力の概念は次のように規定されるだろう。

①権力は獲得されたり、所有されたりする実体ではなく、さまざまな力の関係のなかで

行使されるものである。

②権力の関係は他のさまざまな社会関係の外部にあるのではなく、それらの社会関係のなかで働いている。

③権力は上から下へ波及するのではなく、むしろ下からやって来る。包括的《グローバル》な支配・服従の対立を支えているのは、局所的《ローカル》な場における多様な力の関係である。

④権力の関係には一定の目標をもった合理的な戦術の系列が貫通している。この戦術の合理性は主体の選択や決定の結果ではなく、非主観的で匿名の権力の戦略に属している。

⑤権力に対する抵抗は権力の外部に立つものではなく、むしろ権力のゲームの相関項である。

ここで規定される権力は国家権力のような一個の実体ではない。国家権力というのは底辺のさまざまな権力関係が積分されてできあがる「権力の終着形態」である。フーコーが分析しているのは、巨大《マクロ》な国家権力そのものではなく、「告白の装置」がそうであるように、社会のいたるところに網の目のように遍在している微細《ミクロ》な権力の関係である。

この権力関係のネットワークは、戦略的な目標の系列を通じて一つの対象領域――たとえばセクシュアリテの領域――を産出し、組織していく。この実定的な対象領域には告白のような装置が仕掛けられており、そこで諸個人が主体として形成される。また同時に、このように形成された個人＝主体を対象として、集団のさまざまなレベルで権力の実践が展開されていくのである。

セクシュアリテ

こうしてフーコーは性の観念の自明性を解体する。まず、セクシュアリテというのは、性という根源的な存在から自然に派生する欲望や、行動や、言説などではなく、権力の関係を通じて歴史的に組織され、形成されたものである。それゆえ、性はセクシュアリテの総体を支えている自律的な存在ではない。むしろ、それは権力によって組織されたセクシュアリテの領域に内在する想像的な一要素であり、そのまわりにセクシュアリテが増殖していくための戦略的な虚焦点なのである。

近代社会において、性は単なる生理学的‐解剖学的な事実ではなく、それ以上の何物かであると見なされてきた。性は、医学や精神病理学によっても、人間存在のすべてにかかわる何かであり、それ固有の本質や法則をもっていると観念されてきた。この本質や法則は性的欲望や行動についてありうべき規準ないし規格（norme）を指示し、この規格からはずれたものは性的異常や性倒錯として排除され、厳しい矯正の対象となる。

しかし、性の本質というのは変容し、解釈し直されるものであり、常に想像的なものでしかない。それは性が権力によって組織されたセクシュアリテの内部につくりだされる虚焦点だったからである。性の真理は言説が追い求めても常に逃れていく「X」であり、むしろそのようにして言説や行動の増殖を誘導する要素なのである。

セクシュアリテとは、このような「X」としての性を自分の欲望や行動のなかに取り込むことである。そして告白の儀式がそうであるように、諸個人は自分の性の真実（X）を求めるというかたちで権力との関係に入り、性的欲望や行動の主体として自分を認識し、経験するように仕向けられる。しかも、この主体化の過程で、性の本質に沿って異常や倒錯を退け、規格（norme）にあったセクシュアリテの主体となることが要求される。人がごく自然に落ち込んでいくセクシュアリテの領域は主体化の権力装置として仕掛けられている。

Ⅲ　主体の問題

主体の系譜学

フーコーはその晩年に自分の主要な研究領域を整理しているが、それは次の三つの問題系から構成されているといえよう。

①「真理の問題系」
②「権力の問題系」
③「自己の問題系」

これらの問題系においては、いずれも人間を「主体」として構成する形式が働いている。フーコーはこれらの問題系を扱いながら、一貫して「主体化」の形式を分析してきたことになる。この意味では、フーコーの仕事は「主体」の系譜学として位置づけることができる。

本章のⅠ、Ⅱでは、「権力の問題系」における人間の主体化の形式を検討してきた。実際、フーコーは「監獄」や「セクシュアリテ」に準拠しながら、西欧近代社会において人間を主体化する権力の装置を分析したのである。そこでは、知と権力の戦略的な結びつきのなかで、諸個人を「主体」として構成する技術論が研究の主題となった。

このような「知―権力―主体」の戦略的な連関は、セクシュアリテや監獄だけでなく狂気の経験においても見られるもので、近代社会の権力技術の基本構造をなすものと考えることができる。権力の実践は、正常な性行動、善良な市民、正気ないし理性といった正しい「主体」の規格（norme）を設定し、性的な倒錯や、犯罪や、狂気を異常なものとして分割し、排除する。この権力の実践は正常／異常を分節化する「知」、つまり精神病理学、精神分析、法医学、刑事司法などの言説と結びついて行使されたのである。

もちろん、近代の知はもっと一般的な地平で、「主体」としての人間の真理を求める科学的な言説を発展させていた。『臨床医学の誕生』や『言葉と物』で示されたように、人間を「語る主体」として研究した言語学、人間を「労働する主体」として研究した経済学、人間における「生という事実」そのものを研究した医学や生物学などとともに、人間諸科学は「主体」としての人間の真理について、さまざまな知の形態をつくりだした。ここでは「知―真理―主体」という問題化の系列が人間と呼ばれるものを包囲している。

この場合、「知―真理―主体」という系列は、近代社会における「真理の問題系」を構成している。臨床医学、生物学、経済学、言語学などの経験諸科学は、近代の思考の空間において人間の真理をめぐる言説のゲームと相関しながら展開されてきた。この真理をめぐるゲームにおいて知は人間という存在を、語り、働き、生ける「主体」として思考し、産出してきたのである。フーコーはここで真理との関係において人間が主体化される形式を研究対象としたわけである。

第三の問題系

「知—権力—主体」の系列と「知—真理—主体」の系列は別のものではなく、同じ「主体」の概念を共有している。つまり、人間を主体として構成する人間諸科学は、人間を主体として規格化する権力の実践と相関して発展していったのである。たとえば、セクシュアリテの分析が明らかにしたのも、精神病理学や精神分析など、性の真理を求める科学的な言説が、性的欲望や行動をめぐる権力の実践といかに深く結びついているかであった。「真理の問題系」と「権力の問題系」、あるいは権力のゲームと真理のゲーム、この二つは近代社会において、ともに人間を主体化する形式として密接に相関している。フーコーは、この権力との関係、真理との関係において人間の「主体化」という問題を研究してきたわけである。

この研究は西欧近代の社会性の構造を明らかにするという課題に沿うものであった。そこで分析される「主体」の概念は、いわば近代社会の成立にとっての必要条件、つまり最大公

フーコーの研究における三つの問題系

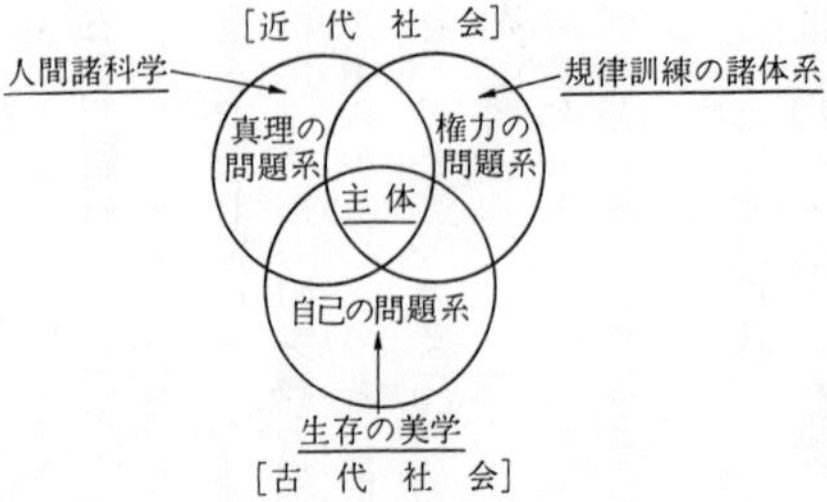

約数的な主体の概念であった。それはすべての個人がそれを適用され、それに従属しなければならない規範的な形式だったのである。

しかし、「主体」というのは、認識による規制や、権力による規制の形式に還元されるだけではない。個人が自ら能動的に選び取り、自己を統御し、錬成する、美学的《エステティック》＝倫理的《エティック》な様式としての「主体性」が存在する。人はこのような自己との関係において自分の生に美的価値や倫理的な様式を与えることができる。ここでの「自己」とはある生存の技法によって厳しく統御された実践の一総体である。フーコーが次に提示し、検討するのは、この「自己（の技法）」との関係における人間の美学的＝倫理的な主体化の様式であった。

これは「自己の問題系」として考えられる研究領域である。そこでは「知―自己―主体」という第三の系列が問題構成の軸となる。フーコーは『性の歴史』第二巻以降で、このような美学的＝倫理的な自己との関係における「主体化」の様式を検討することになる。

『性の歴史』の問題構成

フーコーは『性の歴史』第二巻の序文において、『性の歴史』全体の問題設定を次のように確認している。すなわち、それは、西欧近代の社会において諸個人が自分を性的欲望《セクシュアリテ》の主体として認識しなければならないような経験は、一体どのようにしてかたちづくられてきたかを検討することである。西欧に固有の、このようなセクシュアリテ（性的欲望）の経験について、その歴史的な系譜を明らかにすることがその書物の課題となる。ところで、このようなセクシュアリテの経験を構成するものとして次の三つの中心軸が考えられる。

①セクシュアリテに関して形成される真理＝知の領域
②セクシュアリテを規制する権力のシステム
③セクシュアリテを通じて求められる美学的＝倫理的な様式

この三つの中心軸は相互に前提し、関連しあっており、その相互関連がある一つの文化におけるセクシュアリテの経験を構成していると考えられる。

だが、『性の歴史』第一巻である『知への意志』においては、最初の二つの経験軸が問題にされたが、第三の軸については積極的な検討が加えられなかった。そこでは、①真理との関係、②権力との関係において、セクシュアリテの経験が分析されたわけである。すなわち、諸個人が、真理との関係、権力との関係において、自分を性的欲望の主体として認識し、経験する歴史的なメカニズムが検討されたのである。

この場合、性的欲望の「主体」といっても、その意味は限定されている。このような経験軸においては、諸個人は自分のセクシュアリテについての正しい認識、自分のセクシュアリテの正しい運用において、つまり、ある普遍的な規格のもとに「主体」になるだけである。このような主体性は諸個人のセクシュアリテの経験における普遍的であるが、消極的な規定であるというほかはない。

そこでフーコーが提示するのは、セクシュアリテの経験における第三の軸である。諸個人は性的欲望や行動の領域において規範的に規制されるだけでなく、もっと積極的に自分のセクシュアリテについて独自なスタイルないし美学的＝倫理的な様式をつくりだす局面がある。彼らは、自ら選び取り、実践する、この様式のなかに性的欲望の主体としての実質を獲得し、確認するのである。フーコーが新たに問題にしようとするのは、このような性的欲望の主体としての「自己」の系譜学である。

新しいプログラム

諸個人が自分を性的欲望の主体として認識し、経験する第三の位相について系譜学的な研究を進めようとするとき、この経験に固有の歴史的な厚みというものが問題になってくる。美学的＝倫理的な様式における「主体化」というテーマは、単に近代社会だけを問題にしたのでは、その十分な奥行きが見えてこないからである。

フーコーが分析した、真理との関係や、権力との関係における主体化は、近代ブルジョワ社会の社会構造そのものと対応している。それは基本的には近代社会を準拠点として分析されている。だが、美学的＝倫理的な主体化の様式は社会的な規範ではなく、むしろ個人的な選択の問題に属している。それは自己に関するある「生存の美学」（esthétique de l'existence）であり、近代社会という固有の空間にもとづくものであるというよりも、はるかに長い歴史的な時間のなかで練りあげられてきたものである。

美学的＝倫理的な様式において、人間が自分を性的欲望の主体として認識し、経験する位相があり、フーコーはその経験の歴史を系譜学的に分析しようというのである。それは古代ギリシア・ローマにおけるこの経験のゆるやかな形成にまでさかのぼり、そこからキリスト教社会を経て、近代にいたるまでの、「欲望本位の人間の歴史」（histoire de l'homme de désir）についての研究を要求する。フーコーはこのプログラムを次のように述べている。

最初の巻『快楽の活用』は、キリスト紀元前四世紀の古典期ギリシャの文化のなかで、性の活動がどのように哲学者と医師によって問題として構成されたか、に当てられている。『自己への配慮』の巻は、西暦の最初の二つの世紀におけるギリシャ・ラテンのテクストにおける、その問題構成に当てられ、最後に『肉体の告白』は、肉体にかんする［キリスト教］教義ならびに司牧者準則の形成を取扱う。活用予定の資料については、そのほとんどが《規定中心の》文献ということになるだろう。それは形式（演説、対話、論考、教訓集、書簡など）はどうであれ、行為の規則の提示を主要な目的とするテクスト、という意味である。（田村俶訳『快楽の活用』）

このうち第四巻に予定されている『肉の告白』(二〇一八年にフレデリック・グロによって編集刊行される)は未刊のまま、フーコーは世を去った。

倫理的な問題構成

〈性《セクシュアリテ》〉の歴史を研究するのにまず考えなければならないのは、性にかかわる活動や快楽がどのようなかたちで道徳上の強い関心の対象となったのかという問題である。一体どのような仕方で、他のさまざまな生活領域よりも、このセクシュアリテの領域にいっそう強い倫理的配慮が払われるようになったのか。

この倫理的な配慮は単に性的活動や快楽について違反行為を設定し、その違反を罰するという否定的なものではない。確かにそのような抑圧や禁止の道徳も存在するだろう。だが、ここでいう倫理的配慮とはそのような否定的関心のことをいうのではない。実際、強い禁止や強制がない場合でも、セクシュアリテに対して強い道徳的な関心が寄せられることがある。この種の倫理的な配慮は禁忌や規範の側に属すのではなく、人間のセクシュアリテをもっと積極的な道徳の問題として構成しようとする努力や実践に属している。

この積極的な関心は、セクシュアリテの領域を人間の「生存の技法」と結びつけようとするものである。「生存の技法」というのは、熟慮や意志にもとづいた実践の総体であり、その実践を通じて、人は自分の行為の規則を定めるだけでなく、自分の存在を変容させ、自分の生をある種の美的価値を担う、またある種の様式に従う、一つの営みに仕上げようとする。つまり、「生存の技法」とは、自己を統御し、熟慮と意志によって自己をある美学的＝倫理的な様式を充たす存在にまで錬成させるような「自己に関する技術」といえよう。古代ギリシアやローマの時代において、セクシュアリテの領域はこのような「自己の実践に関する技術」と関係づけられることによって、美学的＝倫理的な問題として構成される。そこでは、人は性的活動や快楽に対して「生存の美学」とでも呼ぶべき積極的な関心を働かせることによって「自己」を錬成していく。それでは、この「生存の美学」は具体的にどのような主題をめぐって働くことになるのだろうか。

四つの主題をめぐって

古代社会において、セクシュアリテの領域を「自己に関する技術」と関連づけ、美学的＝倫理的な問題として構成するための、具体的な主題にはどのようなものがあるのか。キリスト教の場合には、セクシュアリテの領域を規制するために、四つの主要な道徳的問題が設定されている。①性行為の性質について、それは悪や原罪や失墜や死と結びつけられる。②一夫一婦制について、この婚姻形式への忠実貞節と生殖中心の性の運用が課せられる。③同性愛の関係について、男どうし、女どうしの性的関係は厳しく排除される。④純潔については、厳重な禁欲、永遠の純潔、処女性に対して道徳的、宗教的に高い価値が与えられる。

古代ギリシア・ローマの道徳哲学のなかにも、キリスト教道徳に見られるこの種の観念とよく似た観念を見出すことができる。すなわち、古代の性道徳には、①性行為の有害性に対する非常に慎重な配慮、②夫婦間の相互依存や忠実貞節の重要視、③男どうしの性的関係は自由だが、男性の威信を損なうような関係に対するきわめて否定的な評価、④性の禁欲、自制力が真理への接近と結びつけられる、などの諸特徴が見られる。

しかし、だからといって、古代の性道徳からキリスト教の性道徳への連続性を簡単に結論してはならない。主題や原則や概念のいくつかは共通していても、両者は性道徳に関して同じ位置も価値ももたないのである。キリスト教における性道徳はその戒律が強制的で、その影響力は普遍的である。だが、古代の性道徳における厳格な要請はまったく逆であった。

古代における厳格な要請は、すべての人びとに対して同じ仕方で押しつけられる権威主義的で、首尾一貫した、統一的な道徳を組み立てるものではなかった。その厳格な要請はむしろ通常の道徳に対する一種の補足であり、自由人である男性にとっての「余分な贅沢」(luxe) だったからである。また、これらの厳格な要請は一般的な禁止事項として立てられているのではない。それらの要請は、決して禁止されていない快楽や、自分が自由に行使できる実践の領域にかかわっていたからである。それは、男性が自分の権利、権威、力を自由に行使し、実践する「行為」にかたちを与え、美学的＝倫理的な様式にまで磨きあげるための媒介だったのである。

道徳の領域

道徳的な領域という場合、その概念を整理しておく必要がある。フーコーはまず、価値や行動規則の総体を「道徳規範」(code moral) と呼ぶ。諸個人が意識し、準拠するこの道徳規範の体系と彼の現実上の行動とのあいだには合致だけでなく、隔たりやずれもある。そこで、道徳規範が定める価値や規則との関係における諸個人の現実の行動を「品行」(moralité des comportements) と呼ぶ。これらの概念は行為の規範的な次元を規定しているといえよう。

他方、個人が道徳的な主体として「自己を導く」(se conduire) 様式という次元がある。社会的な行動規範は同じであっても、人の行為の類型はこの様式によってさまざまに異なってくる。たとえば妻への忠実貞節という規範があっても、人が忠実貞節である流儀や様式はさまざまに異なる。人はこの様式において自分に固有の「倫理《エティック》」(自己との関係) を示すことになる。この「自己を導く」流儀ないし様式は、①個人がそこで問題にしている倫理的な実質、②個人が価値や規則に服従する自分を認識する仕方、③個人が用いる鍛練の形式、④個人が設定している道徳的目標、などにかかわっている。それらは行為の美学的＝倫理的な内実を積極的に規定する次元であるといえよう。

道徳の領域には、このように社会的な行動規範の側面と個人が主体として自己を導く様式という側面がある。規範的な体系としての道徳の場合、重要なのは、その規範を活用し、その習得や遵守を強制し、違反を罰する権力機構の側である。ここでは法律的な形式への従属としての主体化(assujettissement)が要求されている。他方、自己を導き、主体化(subjectivation)する様式としての道徳がある。ここでは自己の省察、自己の変革、自己の鍛練、自己の統御を通して、自己の倫理的な内実を高めることが問題になる。

この「自己を導く」様式としての道徳について、フーコーは次のように説明している。

この形式の道徳では、個人が自分を倫理的な主体(sujet éthique)として形成するのは、それゆえ自分の行為の準則を普遍化することによってではない。それは逆に、自分の行為を個別化し、調整する、またその行為が担う合理的で熟慮された構造によってその行為に個性的な輝きを与えることさえできるような態度および探求によってなのである。(『快楽の活用』)

古代の思考において、セクシュアリテの経験が道徳的な領域として構成される場合、その道徳の領域はこのような「自己を導く」主体化の次元に考えられるものである。このような問題設定に立って、フーコーはあの四つの主題、つまり身体との関係、妻との関係、若者との関係、真理との関係をめぐって、個人が性的行動の「道徳的な主体」として自分を認識する様式の歴史を明らかにしようとする。

自己の技法

古代の性道徳において、「自己との関係」を様式化する媒介としての「四つの主題」は次のように整理される。

①身体との関係：健康の問題、生と死の問題が提起される。
②自分と異なる性との関係：家族制度、妻との関係が問題になる。
③自分と同じ性との関係：選択できる相手（若者）の問題、社会的な役割と性的な役割の調整の問題が問われる。
④真理との関係：知恵への接近を可能にする諸条件が問われる。

フーコーによれば、古代社会では、この四つの主題、つまり身体をめぐって、妻をめぐって、若者をめぐって、真理をめぐって、セクシュアリテの問題が道徳的な経験の領域として考察されることになる。

古代道徳において「自己を導く」技法、「自己に関する技術」は、これらの主題に即して性行為の個別的な調整を提示する。まず、自己の身体との関係では、「養生術」(Diététique)が問題になる。養生術とは愛欲の営みを節度ある、時宜にかなったものにする技術であり、その核心には性行為のもつ荒々しさへの恐れ、消耗への心配、個人の存続や種族の維持への配慮がある。

妻との関係では、「家庭管理術」(Économique)が問題になる。ここでは、節制の形式は配偶者どうしの相互的な忠実貞節によって規定されるのではなく、夫が妻に対して行使するある種の特権によって規定される。夫に対して家庭内のヒエラルヒー（位階秩序）の維持が要請されるのだが、その核心には他の人びとを統御するために、夫に対して厳しい自己の統御が求められるのである。

若者との関係においては「恋愛術」(Érotique) が問題になる。また、これと相関して、真理との関係においては「真の恋」(véritable amour) が問題になる。ここでは、恋、快楽の断念、真理への接近の複雑な関連が自己の配慮すべき問題とされる。

これらの配慮や要請は一部の自由な成人男性のための「生存の美学」として形成されたものである。それは彼ら以外の人びと、とりわけ女性や奴隷に対する過酷な制度の上に立脚している。だが、これらの配慮や要請において、彼らは自分の自由の行使と、自分の力の形式と、真理への接近という三つの要素の関連として、セクシュアリテの領域を美学的=倫理的な問題として構成したのである。

自己への配慮

西暦の初めの二世紀になると、セクシュアリテの領域に対する道徳的な省察に変化が生じる。それは性的行動の領域における「自己の技法」について、その厳格な要請をさらに強化していくからである。

若干の医師は、性の実践《いとなみ》のもたらす影響を心配し、当然にも節制を勧めて、快楽の活用よりも純潔のほうが好ましいと明言する。若干の哲学者は、結婚外に起こりうるあらゆる交渉関係を誤りだとし、夫婦のあいだの厳重かつ例外なき忠実貞節を定める。最後に、若者愛は、教説上のある種の価値剝奪の対象とされているように思われる。（田村俶訳『自己への配慮』）

ここでは、古代道徳はキリスト教の教義に対する類似をさらに増幅させているように見える。いっそう強化された、この厳格さへの要請はのちに成立する道徳の芽生えとして理解すべきものなのだろうか。

「養生術」や健康の問題構成における変容としては、個人の弱さが自覚され、性行為に対する不安や恐れがいっそう強まる。自己との戦いにおける勝利というよりも、この不安や恐れとの関連で性行為に対するいっそう鋭い注意が要請される。「結婚」の問題構成における変容としては、家庭管理の面よりも、夫婦の絆そのものが重要視されるようになる。この夫婦の関係には相互性と平等性の形式が導入され、夫の自己統御はこのような形式との関連において展開される。また「若者との恋愛」においても変容があり、節制や禁欲の必要性は、最高の精神的価値を付与するものというより、むしろ若者愛自体の不完全性を示すものと考えられるようになっていく。

ここでは問題構成の作業と不安や警戒心が相関して展開している。すなわち、これらの主題の変容を通して認められるのは、「自己への配慮」（le souci de soi）ということがいっそう際立ってくる、ある生き方の術の展開である。つまり、自己との関係の様式化を求めるいっそう強い関心がこの時代を貫いているのである。

だが、それは決して「禁忌」の諸形式が強化されたということではない。確かに、帝政期における問題構成の変容において、厳格さの要請がいっそう強められ、性的活動は害悪と近似して見えてくるだろう。しかし、性的活動はそれ自体としては、また実体としては決して「悪」ではないのである。性的活動は自分の正当な場所を結婚生活に見出しているが、結婚生活は性的活動が「悪」ではなくなるための不可欠の条件ではない。また、若者愛も決して「反自然」として非難されるわけではないのである。

さらにいえば、この時代、個人に要請される生活の術が万人の従うべき普遍的原理に接近していくようにみえる局面がある。また、自己の統御や鍛練における自己認識の問題、つまり真理の問題が道徳的主体の構成においていっそう重要な位置を占めるようになってくる。この種の普遍化や真理への配慮は、後代のキリスト教道徳に見られる告白や規律訓練の形式とかなり似通っているように思われる。しかし、帝政期の「自己への配慮」や、「自己の陶冶」のいっそう厳格な要請は、本質的には個人の自分自身に対する支配・統治をめざす道徳の形式だと考えられる。

後代の道徳は自己との関係におけるもっと別種の様式を定めている。すなわち、その道徳は人間の有限性や堕落や悪を出発点とする倫理的な意味づけを行い、何らかの人格神の意志である一般的な法への服従・隷属の形式を定めている。そこでは、心の解読および浄化本位の欲望の解釈学を含む自己の訓練と、自己放棄をめざすある種の倫理的な完成が求められることになるだろう。

学術文庫版あとがき——本書の付記として

本書は一九九〇年三月に刊行した『ミシェル・フーコー：主体の系譜学』の改訂増補版である。すなわち、本書の六割強は旧版に改訂を施した「本論」からなり、四割近くは新版の刊行を機に書いた「序文」からなっている。旧版（「本論」）は三十代の末頃、アメリカ東海岸の大学に客員研究員として滞在した頃に執筆したが、それから三十年後、序文はこの学術文庫化を機縁に書いたので、両者のあいだには文体のうえで多少の変化がある。書式の点でも、旧版では「新書」という体裁から注を付していないが、新版の「序文」では論文形式をとり、末尾に注を付している。

まず、旧版の改訂という面についていうと、「本論」は旧版の内容や構成をそのまま伝えることを基本方針とした。ただし内容や表現の面で、必要と思われる範囲で文章や語句の加筆・修正を施し、使用する図版についても調整を行っている。フーコーの著作からの引用については、「本論」の文脈との整合性を考えて必要な範囲で訳し直している。なお書式は旧版の体裁を継承し、邦訳を引用させていただいた場合には文献と同時に訳者名を記したが、拙訳の場合は文献名のみを挙げている。

次に、増補というのは、旧版にはない長い「序文」を新しく付け加えたからである。この序文は旧版・序章の最初の一項目（「生まれて死ぬ」）を出発地にして、それを現在の視点から膨らませたものであり、それゆえ「本論」ではこの一項目を除いている。「序文」はフーコーという人の〈思考の肖像〉について書いたものだが、思考と生活のあいだには切り離しがたい関係があると同時に、そのかたちは別にして、違和や乖離する部分もある。この捻じれた関係のなかで浮かび上がる側面はいくつかあるだろうが、この「序文」ではフーコーの思考をずっと貫ぬいた、ある種の反‐デカルト主義に注目している。

おそらく、デカルトの偉大さには、方法的な革新と同時に何か得体のしれない呪縛の契機があると思われたのだろう。フーコーは、デカルト的な理性と明証性の規則の確立を、西欧の古典主義時代以降の思考の扉に掛けられた重要な鍵の一つであると考え、またギリシア以来の西洋の哲学史のなかでとくに留意すべき警戒標識のように見ていた。フーコーが西欧近代という時代と文化を古典主義時代にまで遡って相対化しようとしたとき、デカルトの所作は理性と呼ばれるものの不気味な兆候に見えたのかもしれない。

西欧の思考がかつて「表」（tableau）を用い、世界を限なく表象しようとしていたとすれば、それはコギト／神という堅固な〈二重鍵〉の掛かった部屋のなかの出来事としてではないのか。またその後、西欧の思考が「人間」を分析していたとすれば、それは経験的＝超越論的二重性という〈仕掛け〉がつくりだす、無尽蔵だが内閉化した空間のなかの出来事としてではないのか。……もしこれらの部屋や空間の〈外〉に出て、かつてない一つの思考を夢見るのはいかにして可能なのか。またその思考は人間と呼ばれてきた者のために、どんな新しい土地を切り拓くための実際的な助けとなるのか。フーコーはこんな問いを言葉の宇宙のなかに懸け巡らしている。

だがまた視点を変えれば、これらの問いは、国の領土と家族や個人の帰属を根こそぎに揺るがす、第二次大戦の占領下の時代に育った、フーコーならではのトポロジカルな思考の問い――臨界的でかつ実際的な問いだったといえよう。

フーコーの分析には、西欧におけるさまざまな思考の〈臨界的な経験〉に迫ろうとする点で魅力があるが、同時に、彼の分析が〈実際的な見地〉のもとに展開されている点にも興味深いものがある。まず「臨界的」というのは、フーコーの探究には、思考がその〈外〉――思考自身に内在する思考不可能なものではなく、むしろ思考の非在（空隙）というほうが適切な次元――とのかかわりで、どんな相貌を持つのかという分析が見られるからである。非在であることへの感覚的な昂揚や、非在だけがもたらす思考の覚醒、そしてこの非在の深い現実性、ないし非在論がフーコーの魅力の一つのように思える。

他方、「実際的」というのは、理性に対して彼の態度が保持しているある種の自由度のことである。人間の理性に対しては批判的な関係の取り方がある。理性に内在する錯視の危険性を意識したり、理性の暴力性や支配を危惧したりする場合がそうであり、この場合、理性の使用が批判的に限定されたり、理性の解体的な相対化が試みられたりする。そこで理性は人間に固有の特権的な能力、あるいは、ある根源的な同一性を偽装するものと見なされるだろう。だがいずれも理性の評価が高すぎて、理性との間合いが近すぎる。西欧での理性と神の親縁関係の強さを感じる所以だが、フーコーの場合は、歴史にはさまざまな合理性の型が存在していたのだと距離を取りながら、それらの合理性の型が人間の生活にどんな作用を及ぼしたのかを見定めようとする、実際的で具体的な見方が基本にあるように思える。

少し振り返ると、大学院の最後の頃のゼミで、フーコーの講義録の一つである『異常者たち』（*Les anormaux*, 1974-1975）を読んだ。わたし自身は《Cases of Indiscriminate Killing and Society: Toward a Sociological Analysis of Curvatures in Contemporary Society》（*Ijis*, No. 23, 2014）という現代の無差別殺人を扱った論文を書いていた頃である。無差別殺人の標的は特定の個人というよりも社会それ自体である。それはいわば「社会殺し」であり、社会学にとって重要な意味をもつ犯罪と思われたのである。だがこの講義録を選んだのは、標題の語彙が逆説的にもアノミーという社会自身の異様《アノマリー》な症状を思い起こさせ、また『監獄の誕生』の記憶につながるからである。この講義の時期は『監獄の誕生』刊行の時期と重なっていて、ある記者はフーコーが「潑剌として颯爽と」講義室に入っていく光景を記している。

わたしにとってその光景は『監獄の誕生』を読む少し前のことである。二十代の後半、『監獄の誕生』はわたしに社会学の思考の軸線を変える必要を感じさせた一冊である。もちろん、大学生の頃、作田啓一先生の授業で刑罰理論に接し、中久郎先生の「逸脱の行為－状況理論」を読んだときを忘れることはない。それがなければ『監獄の誕生』を読むこともなかっただろう。『監獄の誕生』には、日本の刑務所を訪問したりして疑問もあるのだが、挑戦的であると同時に手堅さを感じさせ、現代社会学に最も近いと思えた書物である。

他方、何とも魅力的に思えたのは『言葉と物』である。銀座の高等研究院の小さい部屋で吉本隆明さんの話を聴いていたとき、吉本さんが、あれは使いようによってはレーニンの『国家と革命』に匹敵する書物だよと（いう意味のことを）言われたのを覚えている。『言葉と物』からすると、革命の指導者の実存は「国家の死滅」を先駆的に先取りすることで覚醒するとしても、この覚醒は実際にはまどろみである。彼らは「国家の死滅」がいわば不可能な死であることを先取りしている。プロレタリアートの独裁はこの不可能な死を代補する彼らの理想郷であり、まさに「有限性の分析論」の過酷な精華の一つである。

他方、フーコーは人間についてその有限性の死を先駆的に先取りすることなどしないだろう。彼にとって「人間の死」はむしろ賭けの対象だったからである。賭けは預言者や弁証法家にはふさわしくない。全能の神も真理も、賭けではなく、不可避の未来を強いるからである。フーコーが「人間の死」の到来を賭けの対象にしたのは、その死が有限性の〈外〉にあり、それゆえ何によっても代補されず、また、賭ける者自身も預言的な運命や弁証法的な必然のない空域をただ骰子のように落下していくしかない、あっけない出来事の一部だと考えたからだろう。「賭けてもいい」はこの自由の呟きであると。

だが、わたしにはこの賭けの部分よりも、賭けに到る過程、つまり『言葉と物』が知の歴史を縦断し走破する仕方のほうが印象に残る。颯爽として孤独な、ドン・キホーテを思わせる、だがやはりフーコーの波動のような思考の広がりと文体の煌きが魅力的だからである。実際、わたしの目の前で、ある歴史が次々に地下に沈み込み、新しい歴史が地下から同時に浮かび上がる光景に、なにか小説のような瞬間を感じたといえる。それは決定的な事実ではないとしても、事実の厳格な可能性の一つを描いている。あるいは事実とはそうした可能性のなかにしか現れない何かであると、告げているように思ったのである。

最後になるが、本書の経緯に触れると、旧版（本書の「本論」）を書いたのは、かつて今村仁司先生の紹介で講談社編集部の林辺光慶氏を紹介されたことが機縁となっている。旧版を刊行する際、アメリカから電話やＦＡＸで林辺さんと原稿や校正のやり取りをした。その時も大変お世話になったのだが、今回の増補改訂版では、それにもましてお手数をお掛けしている。林辺さんの包容力と励ましなくしては今回の序文も、本書も形を成さなかった。ただ感謝の念を深くするのみである。

本書は『ミシェル・フーコー』（講談社現代新書、一九九〇年刊）を原本として修正を加え、新たに「序文」を書き下ろしました。

「講談社学術文庫」の刊行に当たって

これは、学術をポケットに入れることをモットーとして生まれた文庫である。学術は少年の心を養い、成年の心を満たす。その学術がポケットにはいる形で、万人のものになることは、生涯教育をうたう現代の理想である。

こうした考え方は、学術を巨大な城のように見る世間の常識に反するかもしれない。また、一部の人たちからは、学術の権威をおとすものと非難されるかもしれない。しかし、それはいずれも学術の新しい在り方を解しないものといわざるをえない。

学術は、まず魔術への挑戦から始まった。やがて、いわゆる常識をつぎつぎに改めていった。学術の権威は、幾百年、幾千年にわたる、苦しい戦いの成果である。こうしてきずきあげられた城が、一見して近づきがたいものにうつるのは、そのためである。しかし、学術の権威を、その形の上だけで判断してはならない。その生成のあとをかえりみれば、その根は常に人々の生活の中にあった。学術が大きな力たりうるのはそのためであって、生活をはなれた学術は、どこにもない。

開かれた社会といわれる現代にとって、これはまったく自明である。生活と学術との間に、もし距離があるとすれば、何をおいてもこれを埋めねばならない。もしこの距離が形の上の迷信からきているとすれば、その迷信をうち破らねばならぬ。

学術文庫は、内外の迷信を打破し、学術のために新しい天地をひらく意図をもって生まれた。文庫という小さい形と、学術という壮大な城とが、完全に両立するためには、なおいくらかの時を必要とするであろう。しかし、学術をポケットにした社会が、人間の生活にとってより豊かな社会であることは、たしかである。そうした社会の実現のために、文庫の世界に新しいジャンルを加えることができれば幸いである。

一九七六年六月　　　　野間省一

内田隆三（うちだ　りゅうぞう）

1949年生まれ。東京大学名誉教授。専攻は社会理論，現代社会論。著書に『消費社会と権力』『さまざまな貧と富』『探偵小説の社会学』『ベースボールの夢』『ロジャー・アクロイドはなぜ殺される？　言語と運命の社会学』（岩波書店），『柳田国男と事件の記録』『乱歩と正史』（講談社），『国土論』『社会学を学ぶ』（筑摩書房）など。編著に『現代社会と人間への問い』（せりか書房）など。

講談社学術文庫

定価はカバーに表示してあります。

ミシェル・フーコー　［増《ぞう》補《ほ》改訂《かいてい》］

内田《うちだ》隆三《りゅうぞう》

2020年６月９日　第１刷発行

発行者　渡瀬昌彦
発行所　株式会社講談社
東京都文京区音羽2-12-21 〒112-8001
電話　編集（03）5395-3512
販売（03）5395-4415
業務（03）5395-3615
装　幀　蟹江征治
印　刷　株式会社廣済堂
製　本　株式会社国宝社
本文データ制作　講談社デジタル製作

ISBN978-4-06-519898-8